Il-Kotba tal-Kċina Vgan 2023

Ricetti Leġġieri u Salubri għal Saħħa Aħjar

Maria Azzopardi

Werrej

Spagetti ma Chorizo u Kidney Beans 13
Pappardelle Għaġin bit-Tadam u Ġobon Vegan.. 15
Imqarrun u Fażola Garbanzo 17
Butir head Hass u Peanut Thai Salad 19
Hass Ċavell u Insalata tal-Pistaċċi... 20
Hass Lewż u Insalata tal-Ġobon tal-Krema Vegan... 22
Insalata tal-Hass u tat-Tadam Boston d 24
Hass u Tadam bil-Vinaigrette taċ-ċilantro.. 25
Hodor Imħallta u Insalata tal-Lewż.. 26
Chervil u Vegan Ricotta Salad... 27
Bib Hass Ġewż u Insalata tal-Parmesan Vegan 28
Hass Indivja Tomatillo u Insalata Ricotta Vegan... 29
Insalata tat-Tadam Kale u Parmesan Vegan 30
Tomatillos tal-Ispinaċi u Insalata tal-Lewż 31
Insalata tat-Tadam Kale u Lewż 32
Imħallta Lewż Aħdar u Insalata Ricotta Vegan... 33
Insalata tat-Tadam u Lewż Indivja 34
Kale Tomatillo u Insalata tal-Lewż 35
Escarole Lewż u Insalata tat-Tadam.. 36

Indivja Tomatillo u Lewż Insalata 37

Bib Ħass Lewż u Insalata tat-Tadam Ċirasa 38

Tomatillos tal-Ispinaċi u Insalata tal-Parmesan Vegan 39

Insalata tat-Tadam Kale u Ġobon Parmesan Vegan 40

Ħodor Imħallta Tomatillo u Insalata tal-Ġobon Ricotta Vegan 41

Escarole Lewż u Insalata tal-Ġobon Ricotta Vegan 42

Insalata tat-Tadam u Lewż Indivja 43

Zucchini Spinaċi u Lewż Insalata 44

Kale Ħjar Tomatillo u Insalata Ricotta Tofu 45

Imħallta Ħodor Lewż u Tofu Insalata Ricotta 46

Insalata tat-Tadam Kale u Ġobon Parmesan Vegan 47

Insalata tat-Tadam Chervil u Ġobon Parmesan Vegan 48

Bib Ħass Tomatillo u Tofu Ricotta Cheese Salad 49

Tadam tal-Ispinaċi u Insalata tal-Lewż 51

Tomatillo tal-Kabocca Napa u Insalata tal-Ġobon Parmesan Vegan 52

Ċikwejra Tomatillo u Lewż Insalata 53

Tadam Kale u Insalata tal-Ġobon Ricotta Tofu 54

Napa Cabbage Tomatoes and Tofu ricotta Cheese Salad 55

Baby Beet Greens Tomatillos u Insalata tal-Ġobon Vegan 56

Insalata Super Semplici Ħass Romaine 57

Insalata Easy Bib Ħass 58

Insalata Boston faċli 59

Insalata tal-Ħodor Imħallta Faċli 60

Insalata Ħass Bib	61
Insalata tal-Ħass ta' Boston bil-Glaze Balsamic	62
Insalata Sempliċi Indivja	63
Insalata tal-Ħodor Imħallta	64
Ħass Boston u insalata tal-karawett	65
Ħass Boston bi Glaze Balsamic	66
Ħass Bib bil-Vinaigrette tal-Ġewż	67
Ħass Romaine bil-Vinaigrette tal-Ġellewż	68
Ħodor Imħallta bl-Insalata tal-Vinaigrette tal-Lewż	69
Indivja bl-Insalata tal-Karawett u Vinaigrette Balsamika	70
Ħass Bib bil-Vinaigrette tal-anakardju	71
Ħass Romaine bl-Insalata tal-Vinaigrette tal-Ġewż	72
Ħodor Imħallta bl-Insalata tal-Vinaigrette tal-Lewż	73
Ħass Romaine bl-Insalata tal-Vinaigrette tal-anakardju	75
Indivja bl-Insalata tal-Vinaigrette tal-Ġellewż	76
Bib Ħass bl-Insalata tal-Vinaigrette tal-Karawett	77
Gradilji Insalata Ħass Boston	78
Insalata tal-Ħass Romaine Grilled	79
Insalata tal-Ħass Romaine Grilled u Vinaigrette tal-anakardju	80
Ħass Romaine Grilled u Insalata Vinaigrette tal-Lewż	81
Kaboċċa Napa Grilled bil-Vinaigrette tal-anakardju	82
Ħass Boston grilled u insalata tal-vinaigrette tal-anakardju	83
Ħass Romaine Grilled u Insalata taż-Żebbuġ Aħdar	84
Grilled Bib Ħass u Żebbuġ Aħdar Insalata	85

Hass Romaine Grilled u Insalata tal-Kappar Hodor 86

Hass Romaine Grilled u Insalata tal-Kappar 87

Insalata ta' Boston Grilled u Żebbuġ Iswed 88

Hass Romaine Grilled u Insalata taż-Żebbuġ Kalamata 89

Hass Romaine biż-Żebbuġ Aħdar u Vinaigrette tal-Karawett 90

Kappar Hass Romaine u Vinaigrette tal-Lewż 91

Hass Boston Bil-Qlub tal-Qaqoċċ u Vinaigrette tal-anakardju 92

Qlub tal-qaqoċċ u tal-qaqoċċ bil-glaze balsamika 93

Qaqoċċ u Żebbuġ Aħdar bil-Vinaigrette tal-Ġewż 94

Hass Romaine biż-Żebbuġ Iswed u l-Qlub tal-Qaqoċċ 95

Qlub tal-Qaqoċċ bl-Insalata taż-Żebbuġ Iswed 96

Hass Boston Żebbuġ Iswed u Insalata tal-Qalb tal-Qaqoċċ 97

Hass Romaine bil-Qalb tal-Qaqoċċ ma Insalata Vinaigrette tal-Macadamia 99

Bib Hass Żebbuġ Iswed u Insalata tal-Qalb tal-Qaqoċċ 100

Hass Boston bil-Vinaigrette tat-tuffieħ 101

Hass Romaine bil-Qalb tal-Qaqoċċ u Insalata tal-Vinaigrette tal-anakardju 102

Qalb tal-Qaqoċċ Hass Romaine u Insalata taż-Żebbuġ Hadra 103

Hass Bib Żebbuġ Kalamata u Insalata tal-Qalb tal-Qaqoċċ 104

Romaine Hass Baby Corn u Qaqoċċ insalata 105

Hass Boston Karrotti tat-trabi u insalata tal-Qalb tal-Qaqoċċ 106

Hass Romaine Żebbuġ Iswed u Insalata Baby Corn 107

Hass Romaine & Karrotti tat-trabi bl-Insalata tal-Vinaigrette tal-Ġewż 108

Hass Boston bil-kappar u insalata tal-qalb tal-qaqoċċ	109
Hass Romaine Żebbuġ Aħdar u Qalb tal-Qaqoċċ bil-Vinaigrette tal-Macadamia	110
Bib Ħass Żebbuġ u Karrotti tat-trabi bl-Insalata tal-Vinaigrette tal-Ġewż	111
Hass Romaine ma Insalata tal-Qamħirrum tat-trabi	112
Hass Romaine Basla Ħamra u Qalb tal-Qaqoċċ bl-Insalata tal-Vinaigrette tal-Karawett	113
Hass Boston Żebbuġ Iswed u Baby Corn bl-Insalata tal-Vinaigrette tal-Lewż	115
Indivja u Insalata taż-Żebbuġ Aħdar	116
Ħodor Imħallta Żebbuġ u Insalata tal-Qalb tal-Qaqoċċ	117
Insalata tal-Qalb tal-Ħass u Qaqoċċ Boston	118
Asparagu Grilled Bżar Aħdar u Squash	119
Zucchini Sempliċi Grilled u Basal Aħmar	121
Qamħirrum Sempliċi Grilled u Portobello	122
Brunġiel Immarinat Grilled u Zucchini	123
Bżar Qanpiena Grilled u Broccolini	124
Pastard Grilled u Brussel Sprouts	125
Qamħirrum Grilled u Faqqiegħ Crimini	126
Brunġiel Grilled, Zucchini u Corn	128
Zucchini Grilled u Ananas	129
Portobello Grilled u Asparagu	130
Riċetta sempliċi tal-Ħxejjex Grilled	131
Brunġiel Ġappuniż Grilled u Faqqiegħ Shitake	132

Brunġiel Ġappuniż Grilled u Broccolini 133

Pastard Grilled u Brussel Sprouts 134

Riċetta Grilled Ġappuniż u Pastard bi Glaze Balsamic 135

Riċetta sempliċi tal-Ħxejjex Grilled 136

Brunġiel Grilled u Bżar Qanpiena Aħdar 137

Asparagu Portobello Grilled u Fażola Ħadra bil-Vinaigrette tat-Tuffieħ 138

Fażola Grilled u Faqqiegħ Portobello 140

Brussel sprouts u Green Beans 141

Zucchini u Basla fir-Ranch Dressing 142

Fażola ħadra Grilled u Ananas f'Vinaigrette Balsamika 143

Broccolini Grilled u Brunġiel 145

Broccolini Grilled u Bżar Qanpiena Aħdar 146

Zucchini u Karrotti Grilled 147

Faqqiegħ Portobello Grilled fil-Vinaigrette tat-Tuffieħ 148

Karrotti Grilled bi Brussel Sprouts 149

Riċetta tal-Parsnip u Zucchini Grilled 150

Nevew Grilled fil-Vinaigrette Orjentali 151

Zunnarija Grilled, Nevew u Portobello bil-Glaze Balsamic 152

Zucchinis Grilled u Mango 153

Qamħirrum tat-trabi grilled u Fażola ħadra 154

Qlub tal-Qaqoċċ Grilled u Brussel Sprouts 155

Gradilji Bżar tal-Bżar Broccolini u Brussel sprouts bil-glaze tas-sidru tat-tuffieħ 156

Riċetta tal-Bżar Qanpiena Assorti Grilled Bi Broccolini	157
Brunġiel Grilled, Zucchini bil-Bżar Qanpiena Assorti	159
Portobello Grilled u Basla Ħamra	160
Qamħirrum Grilled u Basal Aħmar	161
Brussell Sprouts Grilled Pastard u Asparagu	162
Zucchini Grilled Brunġiel Portobello u Asparagu	163
Riċetta tal-Bżar Qanpiena Aħdar Grilled, Broccolini u Asparagu	164
Faqqiegħ Portobello Grilled u Zucchini	165
Grilled Asparagus Ananas u Green Beans	166
Fażola Ħadra Grilled u Brunġiel	167
Asparagu Grilled u Broccolini	168
Pastard Grilled u Brussel Sprouts	169
Brokkoli Grilled u Brokkoli Floretti	170
Zucchini Grilled Basal Aħmar Broccolini Florets u Asparagu	171
Fażola Ħadra Grilled Asparagu Broccolini Florets u Ananas	173
Fażola Edamame Grilled	174
Okra Grilled, Zucchini u Basal Aħmar	175
Parsnip u Zucchini Grilled	176
Parsnip Grilled u Okra	177
Grilled Brokkoli Parsnip Okra u Asparagu	178
Nevew Grilled u Bżar Qanpiena	179
Pastard Grilled u Broccolini	180
Nevew u Ananas Grilled	181
Parsnip u Zucchini Grilled	182

Nevew Grilled Basal Aħmar u Parsnip 183
Zunnarija Grilled, Parsnip u Broccolini 184
Asparagu Grilled u Floretti Broccolini 185
Pastard Grilled u Baby Corn 186
Qlub tal-Qaqoċċ Grilled u Floretti Broccolini 187
Karrotti tat-trabi grilled u brunġiel 188
Karrotti u Zucchini Grilled Baby 189
Qamħirrum Grilled, Baby Corns u Asparagu 190
Karrotti tat-trabi Grilled u Qlub tal-Qaqoċċ 191
Fażola Ħadra tal-Ananas Grilled u Qlub tal-Qaqoċċ 192
Broccolini Grilled u Karrotti tat-trabi 194
Sempliċi Grilled Baby Corn u Pastard Florets 195
Karrotti tat-trabi u Bżar Qanpiena Grilled 196
Qamħirrum tat-trabi Grilled, Qlub tal-Qaqoċċ u Brunġiel 197
Karrotti tat-trabi Grilled u Basla Ħamra 198
Asparagu Broccolini Grilled u Faqqiegħ Portobello 199
Qlub tal-Qaqoċċ Grilled 200
Karrotti u Faqqiegħ Grilled Baby 201
Qlub tal-Qaqoċċ Grilled u Asparagu 202
Zucchini Grilled 203
Brunġiel Grilled bil-Glaze Balsamic 204
Ħass Romaine Grilled u Tadam 205
Zucchini u Bżar Grilled 207
Brunġiel Grilled u Basla Ħamra 209

Asparagu Grilled Brussel Sprouts Broccolini Florets 211

Zucchini Grilled fil-glaze tas-sidru tat-tuffieħ 213

Qlub tal-Qaqoċċ Zucchini Grilled u Basla Ħamra 215

Zucchini Grilled u Broccolini Floretti 217

Spagetti ma Chorizo u Kidney Beans

INGREDJENTI

1 basla ħamra, imqatta 'medja

1 bżar qampiena aħdar imqatta'

15-il uqija fażola

15 uqija fażola kbira tat-tramuntana

28 uqija tadam imfarrak

1/4 tazza chorizos vegan, imqatta' oħxon

1 tsp. sagħtar imnixxef

½ kuċċarina melħ

1/8 kuċċarina bżar iswed

2 tazzi stokk tal-ħaxix

8 uqija spaghetti taljarini mhux imsajra

1 ½ tazza Ġobon Vegan (Ibbażat Tofu)

Ingredjenti taż-żejjen:

basal aħdar imqatta 'għal servizz

Poġġi l-ingredjenti kollha ħlief għall-għaġin, il-ġobon vegan u l-ingredjenti tal-garnishing fil-cooker bil-mod tiegħek.

Għaqqad u għatti.

Sajjar fuq nar għoli għal 4 sigħat jew nar baxx għal 7 sigħat.

Żid l-għaġin u sajjar fuq nar għoli għal 18-il minuta, jew sakemm l-għaġin isir al dente

Żid 1 tazza ġobon u ħawwad.

Roxx mal-ġobon vegan li jifdal u l-ingredjenti taż-żejjen

Pappardelle Għaġin bit-Tadam u Ġobon Vegan

INGREDJENTI

1 basla ħamra, imqatta 'medja

1 bżar qampiena aħdar imqatta'

Fażola tal-butir ta' bott ta' 15-il uqija, mlaħalħa u mneħħija

15-il uqija fażola sewda, mlaħalħa u mneħħija

28 uqija tadam imfarrak

2 tbsp. pejst tat-tadam

1 tsp. ħabaq

1 tsp. Ħwawar Taljan

½ kuċċarina melħ

1/8 kuċċarina bżar iswed

2 tazzi stokk tal-ħaxix

8 uqija għaġin pappardelle mhux imsajjar

1 ½ tazza Ġobon Vegan (Ibbażat Tofu)

Ingredjenti taż-żejjen:

basal aħdar imqatta 'għal servizz

Poġġi l-ingredjenti kollha ħlief għall-għaġin, il-ġobon vegan u l-ingredjenti tal-garnishing fil-cooker bil-mod tiegħek.

Għaqqad u għatti.

Sajjar fuq nar għoli għal 4 sigħat jew nar baxx għal 7 sigħat.

Żid l-għaġin u sajjar fuq nar għoli għal 18-il minuta, jew sakemm l-għaġin isir al dente

Żid 1 tazza ġobon u ħawwad.

Roxx mal-ġobon vegan li jifdal u l-ingredjenti taż-żejjen

Imqarrun u Fażola Garbanzo

INGREDJENTI

15-il uqija jista 'fażola pinto mlaħalħa u mneħħija

15-il uqija fażola garbanzo laħlaħ u mneħħija

28 uqija tadam imfarrak

4 tbsp. pesto

1 tsp. Ħwawar Taljan

½ kuċċarina melħ

1/8 kuċċarina bżar iswed

2 tazzi stokk tal-ħaxix

8 uqija għaġin tal-imqarrun tal-minkeb tal-qamħ sħiħ mhux imsajjar

1 ½ tazza Ġobon Vegan (Ibbażat Tofu)

Ingredjenti taż-żejjen:

basal aħdar imqatta 'għal servizz

Poġġi l-ingredjenti kollha ħlief għall-għaġin, il-ġobon vegan u l-ingredjenti tal-garnishing fil-cooker bil-mod tiegħek.

Għaqqad u għatti.

Sajjar fuq nar għoli għal 4 sigħat jew nar baxx għal 7 sigħat.

Żid l-għaġin u sajjar fuq nar għoli għal 18-il minuta, jew sakemm l-għaġin isir al dente

Żid 1 tazza ġobon u ħawwad.

Roxx mal-ġobon vegan li jifdal u l-ingredjenti taż-żejjen

Butir head Ħass u Peanut Thai Salad

Ingredjenti:
8 uqija ġobon vegan
6 sa 7 tazzi ħass tar-ras tal-butir, 3 gzuz, mirqum
1/4 ħjar, imqatta' bin-nofs għat-tul, imbagħad imqatta' rqiq
3 imgħaref taċ-ċavella maqtugħa
16-il tadam taċ-ċirasa
1/2 tazza karawett
1/4 basla bajda, imqatta'
Melħ u bżar, għat-togħma

Dressing
1 shalot żgħir, ikkapuljat
2 tablespoon ħall abjad distillat
1/4 tazza żejt taż-żerriegħa tal-ġulġlien
1 tbsp. Zalza tat-tewm taċ-chili Tajlandiż

Prep
Għaqqad l-ingredjenti kollha tal-ilbies fi proċessur tal-ikel.

Itfa' mal-bqija tal-ingredjenti u għaqqad sew.

Hass Ċavell u Insalata tal-Pistaċċi

Ingredjenti:

7 tazzi ħass bil-weraq maħlul, 3 gzuz, mirqum

1/4 ħjar Ewropew jew mingħajr żerriegħa, imqatta' bin-nofs għat-tul, imbagħad imqatta' rqiq

3 imgħaref taċ-ċavella mqatta' jew imqatta'

16-il għeneb

1/2 tazza pistaċċi

1/4 basla, imqatta'

Melħ u bżar, għat-togħma

6 uqija ġobon vegan

Dressing

1 sprig tursin, imqatta

1 tablespoon ħall abjad distillat

1/4 lumi, meraq, madwar 2 kuċċarini

1/4 tazza żejt taż-żebbuġa extra verġni

Prep

Għaqqad l-ingredjenti kollha tal-ilbies fi proċessur tal-ikel.

Itfa' mal-bqija tal-ingredjenti u għaqqad sew.

Ħass Lewż u Insalata tal-Ġobon tal-Krema Vegan

Ingredjenti:

7 tazzi ħass frisee, 3 gzuz, mirqum

½ ħjar, imqatta' bin-nofs għat-tul, imbagħad imqatta' rqiq

3 imgħaref taċ-ċavella mqatta' jew imqatta'

16-il tadam taċ-ċirasa

1/2 tazza lewż imqatta'

1/4 basla ħamra, imqatta'

Melħ u bżar, għat-togħma

7 uqija ġobon tal-krema vegan

Dressing

1 shalot żgħir, ikkapuljat

1 tablespoon ħall abjad distillat

1/4 lumi, meraq, madwar 2 kuċċarini

1/4 tazza żejt taż-żebbuġa extra verġni

1 tbsp. zalza chimichurri

Prep

Għaqqad l-ingredjenti kollha tal-ilbies fi proċessur tal-ikel.

Itfa' mal-bqija tal-ingredjenti u għaqqad sew.

Insalata tal-Ħass u tat-Tadam Boston d

Ingredjenti:
6 sa 7 tazzi ħass Boston, 3 gzuz, mirqum
1/4 ħjar, imqatta' bin-nofs għat-tul, imbagħad imqatta' rqiq
3 imgħaref taċ-ċavella mqatta' jew imqatta'
16-il tadam taċ-ċirasa
1/2 tazza lewż imqatta'
1/4 basla ħamra, imqatta'
Melħ u bżar, għat-togħma
5 uqija ġobon vegan

Dressing
1 sprig tursin, ikkapuljat
1 tablespoon ħall abjad distillat
1/4 lumi, meraq, madwar 2 kuċċarini
1/4 tazza żejt taż-żebbuġa extra verġni

Prep
Għaqqad l-ingredjenti kollha tal-ilbies fi proċessur tal-ikel.

Itfa' mal-bqija tal-ingredjenti u għaqqad sew.

Hass u Tadam bil-Vinaigrette taċ-ċilantro

Ingredjenti:

6 sa 7 tazzi ħass ice berg, 3 gzuz, mirqum

1/4 ħjar, imqatta' bin-nofs għat-tul, imbagħad imqatta' rqiq

3 imgħaref taċ-ċavella mqatta' jew imqatta'

16-il tadam taċ-ċirasa

1/2 tazza lewż imqatta'

1/4 basla bajda, imqatta'

Melħ u bżar, għat-togħma

8 uqija ġobon vegan

Dressing

1 sprig cilantro, ikkapuljat

1 tablespoon ħall abjad distillat

1/4 lumi, meraq, madwar 2 kuċċarini

1/4 tazza żejt taż-żebbuġa extra verġni

Prep

Għaqqad l-ingredjenti kollha tal-ilbies fi proċessur tal-ikel.

Itfa' mal-bqija tal-ingredjenti u għaqqad sew.

Ħodor Imħallta u Insalata tal-Lewż

Ingredjenti:
7 tazzi mesclun, 3 gzuz, mirqum
1/4 ħjar, imqatta' bin-nofs għat-tul, imbagħad imqatta' rqiq
3 imgħaref taċ-ċavella mqatta' jew imqatta'
16-il tadam taċ-ċirasa
1/2 tazza lewż imqatta'
1/4 basla bajda, imqatta'
Melħ u bżar, għat-togħma
8 uqija ġobon vegan

Dressing
1 tablespoon ħall abjad distillat
1/4 lumi, meraq, madwar 2 kuċċarini
1/4 tazza żejt taż-żebbuġa extra verġni
1 tsp. mustarda Ingliża

Prep
Għaqqad l-ingredjenti kollha tal-ilbies fi proċessur tal-ikel.

Itfa' mal-bqija tal-ingredjenti u għaqqad sew.

Chervil u Vegan Ricotta Salad

Ingredjenti:

6 sa 7 tazzi chervil, 3 gzuz, mirqum

1/4 ħjar, imqatta' bin-nofs għat-tul, imbagħad imqatta' rqiq

16-il għeneb

1/2 tazza lewż imqatta'

1/4 basla bajda, imqatta'

Melħ u bżar, għat-togħma

8 uqija Ġobon Ricotta Tofu (Tofitti)

Dressing

1 tablespoon ħall abjad distillat

1/4 lumi, meraq, madwar 2 kuċċarini

1/4 tazza żejt taż-żebbuġa extra verġni

1 tbsp. Zalza Chimichurri

Prep

Għaqqad l-ingredjenti kollha tal-ilbies fi proċessur tal-ikel.

Itfa' mal-bqija tal-ingredjenti u għaqqad sew.

Bib Ħass Ġewż u Insalata tal-Parmesan Vegan

Ingredjenti:

6 sa 7 tazzi ħass bavalor, 3 gzuz, mirqum

1/4 ħjar, imqatta' bin-nofs għat-tul, imbagħad imqatta' rqiq

3 imgħaref taċ-ċavella mqatta' jew imqatta'

16-il tomatillo, imqatta' bin-nofs

1/2 tazza ġewż

1/4 basla ħamra, imqatta'

Melħ u bżar, għat-togħma

Ġobon Parmesan Vegan (Ikel tal-Anġli)

Dressing

1 tablespoon ħall abjad distillat

1/4 lumi, meraq, madwar 2 kuċċarini

1/4 tazza żejt taż-żebbuġa extra verġni

1 tsp. mayonnaise bla bajd

Prep

Għaqqad l-ingredjenti kollha tal-ilbies fi proċessur tal-ikel.

Itfa' mal-bqija tal-ingredjenti u għaqqad sew.

Hass Indivja Tomatillo u Insalata Ricotta Vegan

Ingredjenti:

6 sa 7 tazzi ħass indivja, 3 gzuz, mirqum

1/4 ħjar, imqatta' bin-nofs għat-tul, imbagħad imqatta' rqiq

3 imgħaref taċ-ċavella mqatta' jew imqatta'

16-il tomatillo aħdar, imqatta 'minn nofs

1/2 tazza lewż imqatta'

1/4 basla bajda, imqatta'

Melħ u bżar, għat-togħma

8 uqija Ġobon Ricotta Tofu (Tofitti)

Dressing

1 tablespoon ħall abjad distillat

1/4 lumi, meraq, madwar 2 kuċċarini

1/4 tazza żejt taż-żebbuġa extra verġni

1 tsp. mustarda ta' Dijon

Prep

Għaqqad l-ingredjenti kollha tal-ilbies fi proċessur tal-ikel.

Itfa' mal-bqija tal-ingredjenti u għaqqad sew.

Insalata tat-Tadam Kale u Parmesan Vegan

Ingredjenti:

6 sa 7 tazzi ħass kale, 3 gzuz, mirqum

1/4 ħjar, imqatta' bin-nofs għat-tul, imbagħad imqatta' rqiq

3 imgħaref taċ-ċavella mqatta' jew imqatta'

16-il tadam taċ-ċirasa

1/2 tazza lewż imqatta'

1/4 basla bajda, imqatta'

Melħ u bżar, għat-togħma

Ġobon Parmesan Vegan (Ikel tal-Anġli)

Dressing

1 sprig cilantro, ikkapuljat

1 tablespoon ħall abjad distillat

1/4 lumi, meraq, madwar 2 kuċċarini

1/4 tazza żejt taż-żebbuġa extra verġni

1 tsp. mayonnaise bla bajd

Prep

Għaqqad l-ingredjenti kollha tal-ilbies fi proċessur tal-ikel.

Itfa' mal-bqija tal-ingredjenti u għaqqad sew.

Tomatillos tal-Ispinaċi u Insalata tal-Lewż

Ingredjenti:

6 sa 7 tazzi ħass tal-ispinaċi, 3 gzuz, mirqum

1/4 ħjar, imqatta' bin-nofs għat-tul, imbagħad imqatta' rqiq

3 imgħaref taċ-ċavella mqatta' jew imqatta'

16-il tomatillo, imqatta' bin-nofs

1/2 tazza lewż imqatta'

1/4 basla bajda, imqatta'

Melħ u bżar, għat-togħma

8 uqija ġobon vegan

Dressing

1 sprig cilantro, ikkapuljat

1 tablespoon ħall abjad distillat

1/4 lumi, meraq, madwar 2 kuċċarini

1/4 tazza żejt taż-żebbuġa extra verġni

1 tsp. mustarda Ingliża

Prep

Għaqqad l-ingredjenti kollha tal-ilbies fi proċessur tal-ikel.

Itfa' mal-bqija tal-ingredjenti u għaqqad sew.

Insalata tat-Tadam Kale u Lewż

Ingredjenti:
6 sa 7 tazzi kale, 3 gzuz, mirqum
1/4 ħjar, imqatta' bin-nofs għat-tul, imbagħad imqatta' rqiq
3 imgħaref taċ-ċavella mqatta' jew imqatta'
16-il tadam taċ-ċirasa
1/2 tazza lewż imqatta'
1/4 basla bajda, imqatta'
Melħ u bżar, għat-togħma
8 uqija ġobon vegan

Dressing
1 sprig cilantro, ikkapuljat
1 tablespoon ħall abjad distillat
1/4 lumi, meraq, madwar 2 kuċċarini
1/4 tazza żejt taż-żebbuġa extra verġni
1 tsp. mustarda Ingliża

Prep
Għaqqad l-ingredjenti kollha tal-ilbies fi proċessur tal-ikel.

Itfa' mal-bqija tal-ingredjenti u għaqqad sew.

Imħallta Lewż Aħdar u Insalata Ricotta Vegan

Ingredjenti:

6 sa 7 tazzi mesclun, 3 gzuz, mirqum

1/4 ħjar, imqatta' bin-nofs għat-tul, imbagħad imqatta' rqiq

3 imgħaref taċ-ċavella mqatta' jew imqatta'

16-il tomatillo aħdar, imqatta 'minn nofs

1/2 tazza lewż imqatta'

1/4 basla bajda, imqatta'

Melħ u bżar, għat-togħma

8 uqija Ġobon Ricotta Tofu (Tofitti)

Dressing

1 tablespoon ħall abjad distillat

1/4 lumi, meraq, madwar 2 kuċċarini

1/4 tazza żejt taż-żebbuġa extra verġni

1 tsp. mustarda ta' Dijon

Prep

Għaqqad l-ingredjenti kollha tal-ilbies fi proċessur tal-ikel.

Itfa' mal-bqija tal-ingredjenti u għaqqad sew.

Insalata tat-Tadam u Lewż Indivja

Ingredjenti:

6 sa 7 tazzi indivja, 3 gzuz, mirqum
1/4 ħjar, imqatta' bin-nofs għat-tul, imbagħad imqatta' rqiq
3 imgħaref taċ-ċavella mqatta' jew imqatta'
16-il tadam taċ-ċirasa
1/2 tazza lewż imqatta'
1/4 basla bajda, imqatta'
Melħ u bżar, għat-togħma
Ġobon Parmesan Vegan (Ikel tal-Anġli)

Dressing

1 sprig cilantro, ikkapuljat
1 tablespoon ħall abjad distillat
1/4 lumi, meraq, madwar 2 kuċċarini
1/4 tazza żejt taż-żebbuġa extra verġni
1 tsp. mustarda Ingliża

Prep

Għaqqad l-ingredjenti kollha tal-ilbies fi proċessur tal-ikel.

Itfa' mal-bqija tal-ingredjenti u għaqqad sew.

Kale Tomatillo u Insalata tal-Lewż

Ingredjenti:

6 sa 7 tazzi kale, 3 gzuz, mirqum

1/4 ħjar, imqatta' bin-nofs għat-tul, imbagħad imqatta' rqiq

3 imgħaref taċ-ċavella mqatta' jew imqatta'

16-il tomatillo, imqatta' bin-nofs

1/2 tazza lewż imqatta'

1/4 basla bajda, imqatta'

Melħ u bżar, għat-togħma

8 uqija Ġobon Ricotta Tofu (Tofitti)

Dressing

1 tablespoon ħall abjad distillat

1/4 lumi, meraq, madwar 2 kuċċarini

1/4 tazza żejt taż-żebbuġa extra verġni

1 tsp. mayonnaise bla bajd

Prep

Għaqqad l-ingredjenti kollha tal-ilbies fi proċessur tal-ikel.

Itfa' mal-bqija tal-ingredjenti u għaqqad sew.

Escarole Lewż u Insalata tat-Tadam

Ingredjenti:

6 sa 7 tazzi scarole, 3 gzuz, mirqum

1/4 ħjar, imqatta' bin-nofs għat-tul, imbagħad imqatta' rqiq

3 imgħaref taċ-ċavella mqatta' jew imqatta'

16-il tadam taċ-ċirasa

1/2 tazza lewż imqatta'

1/4 basla bajda, imqatta'

Melħ u bżar, għat-togħma

8 uqija ġobon vegan

Dressing

1 sprig cilantro, ikkapuljat

1 tablespoon ħall abjad distillat

1/4 lumi, meraq, madwar 2 kuċċarini

1/4 tazza żejt taż-żebbuġa extra verġni

1 tsp. mustarda Ingliża

Prep

Għaqqad l-ingredjenti kollha tal-ilbies fi proċessur tal-ikel.

Itfa' mal-bqija tal-ingredjenti u għaqqad sew.

Indivja Tomatillo u Lewż Insalata

Ingredjenti:

6 sa 7 tazzi indivja, 3 gzuz, mirqum

1/4 ħjar, imqatta' bin-nofs għat-tul, imbagħad imqatta' rqiq

3 imgħaref taċ-ċavella mqatta' jew imqatta'

16-il tomatillo, imqatta' bin-nofs

1/2 tazza lewż imqatta'

1/4 basla bajda, imqatta'

Melħ u bżar, għat-togħma

Ġobon Parmesan Vegan (Ikel tal-Anġli)

Dressing

1 tablespoon ħall abjad distillat

1/4 lumi, meraq, madwar 2 kuċċarini

1/4 tazza żejt taż-żebbuġa extra verġni

1 tsp. mustarda ta' Dijon

Prep

Għaqqad l-ingredjenti kollha tal-ilbies fi proċessur tal-ikel.

Itfa' mal-bqija tal-ingredjenti u għaqqad sew.

Bib Ħass Lewż u Insalata tat-Tadam Ċirasa

Ingredjenti:

6 sa 7 tazzi ħass bavalor, 3 gzuz, mirqum

1/4 ħjar, imqatta' bin-nofs għat-tul, imbagħad imqatta' rqiq

3 imgħaref taċ-ċavella mqatta' jew imqatta'

16-il tadam taċ-ċirasa

1/2 tazza lewż imqatta'

1/4 basla bajda, imqatta'

Melħ u bżar, għat-togħma

8 uqija Ġobon Ricotta Tofu (Tofitti)

Dressing

1 sprig cilantro, ikkapuljat

1 tablespoon ħall abjad distillat

1/4 lumi, meraq, madwar 2 kuċċarini

1/4 tazza żejt taż-żebbuġa extra verġni

1 tsp. mustarda Ingliża

Prep

Għaqqad l-ingredjenti kollha tal-ilbies fi proċessur tal-ikel.

Itfa' mal-bqija tal-ingredjenti u għaqqad sew.

Tomatillos tal-Ispinaċi u Insalata tal-Parmesan Vegan

Ingredjenti:

6 sa 7 tazzi ħass tal-ispinaċi, 3 gzuz, mirqum

1/4 ħjar, imqatta' bin-nofs għat-tul, imbagħad imqatta' rqiq

3 imgħaref taċ-ċavella mqatta' jew imqatta'

16-il tomatillo, imqatta' bin-nofs

1/2 tazza lewż imqatta'

1/4 basla bajda, imqatta'

Melħ u bżar, għat-togħma

Ġobon Parmesan Vegan (Ikel tal-Anġli)

Dressing

1 sprig cilantro, ikkapuljat

1 tablespoon ħall abjad distillat

1/4 lumi, meraq, madwar 2 kuċċarini

1/4 tazza żejt taż-żebbuġa extra verġni

1 tsp. mayonnaise bla bajd

Prep

Għaqqad l-ingredjenti kollha tal-ilbies fi proċessur tal-ikel.

Itfa' mal-bqija tal-ingredjenti u għaqqad sew.

Insalata tat-Tadam Kale u Ġobon Parmesan Vegan

Ingredjenti:
6 sa 7 tazzi ħass kale, 3 gzuz, mirqum
1/4 ħjar, imqatta' bin-nofs għat-tul, imbagħad imqatta' rqiq
3 imgħaref taċ-ċavella mqatta' jew imqatta'
16-il tadam taċ-ċirasa
1/2 tazza lewż imqatta'
1/4 basla bajda, imqatta'
Melħ u bżar, għat-togħma
Ġobon Parmesan Vegan (Ikel tal-Anġli)

Dressing
1 sprig cilantro, ikkapuljat
1 tablespoon ħall abjad distillat
1/4 lumi, meraq, madwar 2 kuċċarini
1/4 tazza żejt taż-żebbuġa extra verġni
1 tsp. mustarda Ingliża

Prep
Għaqqad l-ingredjenti kollha tal-ilbies fi proċessur tal-ikel.

Itfa' mal-bqija tal-ingredjenti u għaqqad sew.

Ħodor Imħallta Tomatillo u Insalata tal-Ġobon Ricotta Vegan

Ingredjenti:

6 sa 7 tazzi mesclun, 3 gzuz, mirqum

1/4 ħjar, imqatta' bin-nofs għat-tul, imbagħad imqatta' rqiq

3 imgħaref taċ-ċavella mqatta' jew imqatta'

16-il tomatillo aħdar, imqatta 'minn nofs

1/2 tazza lewż imqatta'

1/4 basla bajda, imqatta'

Melħ u bżar, għat-togħma

8 uqija Ġobon Ricotta Tofu (Tofitti)

Dressing

1 sprig cilantro, ikkapuljat

1 tablespoon ħall abjad distillat

1/4 lumi, meraq, madwar 2 kuċċarini

1/4 tazza żejt taż-żebbuġa extra verġni

Prep

Għaqqad l-ingredjenti kollha tal-ilbies fi proċessur tal-ikel.

Itfa' mal-bqija tal-ingredjenti u għaqqad sew.

Escarole Lewż u Insalata tal-Ġobon Ricotta Vegan

Ingredjenti:

6 sa 7 tazzi scarole, 3 gzuz, mirqum

1/4 ħjar, imqatta' bin-nofs għat-tul, imbagħad imqatta' rqiq

3 imgħaref taċ-ċavella mqatta' jew imqatta'

16-il tomatillo, imqatta' bin-nofs

1/2 tazza lewż imqatta'

1/4 basla bajda, imqatta'

Melħ u bżar, għat-togħma

8 uqija Ġobon Ricotta Tofu (Tofitti)

Dressing

1 tablespoon ħall abjad distillat

1/4 lumi, meraq, madwar 2 kuċċarini

1/4 tazza żejt taż-żebbuġa extra verġni

1 tsp. mustarda ta' Dijon

Prep

Għaqqad l-ingredjenti kollha tal-ilbies fi proċessur tal-ikel.

Itfa' mal-bqija tal-ingredjenti u għaqqad sew.

Insalata tat-Tadam u Lewż Indivja

Ingredjenti:
6 sa 7 tazzi indivja, 3 gzuz, mirqum

1/4 ħjar, imqatta' bin-nofs għat-tul, imbagħad imqatta' rqiq

3 imgħaref taċ-ċavella mqatta' jew imqatta'

16-il tadam taċ-ċirasa

1/2 tazza lewż imqatta'

1/4 basla bajda, imqatta'

Melħ u bżar, għat-togħma

8 uqija ġobon vegan

Dressing
1 sprig cilantro, ikkapuljat

1 tablespoon ħall abjad distillat

1/4 lumi, meraq, madwar 2 kuċċarini

1/4 tazza żejt taż-żebbuġa extra verġni

1 tsp. mayonnaise bla bajd

Prep
Għaqqad l-ingredjenti kollha tal-ilbies fi proċessur tal-ikel.

Itfa' mal-bqija tal-ingredjenti u għaqqad sew.

Zucchini Spinaċi u Lewż Insalata

Ingredjenti:

6 sa 7 tazzi spinaċi, 3 gzuz, mirqum

¼ zucchini, imqatta' bin-nofs għat-tul, imbagħad imqatta' rqiq

3 imgħaref taċ-ċavella mqatta' jew imqatta'

16-il tadam taċ-ċirasa

1/2 tazza lewż imqatta'

1/4 basla bajda, imqatta'

Melħ u bżar, għat-togħma

8 uqija ġobon vegan

Dressing

1 tablespoon ħall abjad distillat

1/4 lumi, meraq, madwar 2 kuċċarini

1/4 tazza żejt taż-żebbuġa extra verġni

1 tsp. zalza tal-pesto

Prep

Għaqqad l-ingredjenti kollha tal-ilbies fi proċessur tal-ikel.

Itfa' mal-bqija tal-ingredjenti u għaqqad sew.

Kale Hjar Tomatillo u Insalata Ricotta Tofu

Ingredjenti:
6 sa 7 tazzi kale, 3 gzuz, mirqum
1/4 ħjar, imqatta' bin-nofs għat-tul, imbagħad imqatta' rqiq
3 imgħaref taċ-ċavella mqatta' jew imqatta'
16-il tomatillo aħdar, imqatta 'minn nofs
1/2 tazza lewż imqatta'
1/4 basla bajda, imqatta'
Melħ u bżar, għat-togħma
8 uqija Ġobon Ricotta Tofu (Tofitti)

Dressing
1 sprig cilantro, ikkapuljat
1 tablespoon ħall abjad distillat
1/4 lumi, meraq, madwar 2 kuċċarini
1/4 tazza żejt taż-żebbuġa extra verġni
1 tsp. mustarda Ingliża

Prep
Għaqqad l-ingredjenti kollha tal-ilbies fi proċessur tal-ikel.

Itfa' mal-bqija tal-ingredjenti u għaqqad sew.

Imħallta Ħodor Lewż u Tofu Insalata Ricotta

Ingredjenti:
6 sa 7 tazzi mesclun, 3 gzuz, mirqum
1/4 ħjar, imqatta' bin-nofs għat-tul, imbagħad imqatta' rqiq
3 imgħaref taċ-ċavella mqatta' jew imqatta'
16-il tomatillo, imqatta' bin-nofs
1/2 tazza lewż imqatta'
1/4 basla bajda, imqatta'
Melħ u bżar, għat-togħma
8 uqija Ġobon Ricotta Tofu (Tofitti)

Dressing
1 sprig cilantro, ikkapuljat
1 tablespoon ħall abjad distillat
1/4 lumi, meraq, madwar 2 kuċċarini
1/4 tazza żejt taż-żebbuġa extra verġni
1 tsp. mayonnaise bla bajd

Prep
Għaqqad l-ingredjenti kollha tal-ilbies fi proċessur tal-ikel.

Itfa' mal-bqija tal-ingredjenti u għaqqad sew.

Insalata tat-Tadam Kale u Ġobon Parmesan Vegan

Ingredjenti:

6 sa 7 tazzi kale, 3 gzuz, mirqum

1/4 ħjar, imqatta' bin-nofs għat-tul, imbagħad imqatta' rqiq

3 imgħaref taċ-ċavella mqatta' jew imqatta'

16-il tadam taċ-ċirasa

1/2 tazza lewż imqatta'

1/4 basla bajda, imqatta'

Melħ u bżar, għat-togħma

Ġobon Parmesan Vegan (Ikel tal-Anġli)

Dressing

1 sprig cilantro, ikkapuljat

1 tablespoon ħall abjad distillat

1/4 lumi, meraq, madwar 2 kuċċarini

1/4 tazza żejt taż-żebbuġa extra verġni

1 tsp. mustarda Ingliża

Prep

Għaqqad l-ingredjenti kollha tal-ilbies fi proċessur tal-ikel.

Itfa' mal-bqija tal-ingredjenti u għaqqad sew.

Insalata tat-Tadam Chervil u Ġobon Parmesan Vegan

Ingredjenti:

6 sa 7 tazzi chervil, 3 gzuz, mirqum

1/4 ħjar, imqatta' bin-nofs għat-tul, imbagħad imqatta' rqiq

3 imgħaref taċ-ċavella mqatta' jew imqatta'

16-il tadam taċ-ċirasa

1/2 tazza lewż imqatta'

1/4 basla bajda, imqatta'

Melħ u bżar, għat-togħma

Ġobon Parmesan Vegan (Ikel tal-Anġli)

Dressing

1 sprig cilantro, ikkapuljat

1 tablespoon ħall abjad distillat

1/4 lumi, meraq, madwar 2 kuċċarini

1/4 tazza żejt taż-żebbuġa extra verġni

1 tsp. mustarda Ingliża

Prep

Għaqqad l-ingredjenti kollha tal-ilbies fi proċessur tal-ikel.

Itfa' mal-bqija tal-ingredjenti u għaqqad sew.

Bib Ħass Tomatillo u Tofu Ricotta Cheese Salad

Ingredjenti:

6 sa 7 tazzi ħass bavalor, 3 gzuz, mirqum

1/4 ħjar, imqatta' bin-nofs għat-tul, imbagħad imqatta' rqiq

3 imgħaref taċ-ċavella mqatta' jew imqatta'

16-il tomatillo aħdar, imqatta 'minn nofs

1/2 tazza lewż imqatta'

1/4 basla bajda, imqatta'

Melħ u bżar, għat-togħma

8 uqija Ġobon Ricotta Tofu (Tofitti)

Dressing

1 sprig cilantro, ikkapuljat

1 tablespoon ħall abjad distillat

1/4 lumi, meraq, madwar 2 kuċċarini

1/4 tazza żejt taż-żebbuġa extra verġni

1 tsp. mayonnaise bla bajd

Prep

Għaqqad l-ingredjenti kollha tal-ilbies fi proċessur tal-ikel.

Itfa' mal-bqija tal-ingredjenti u għaqqad sew.

Tadam tal-Ispinaċi u Insalata tal-Lewż

Ingredjenti:

6 sa 7 tazzi spinaċi, 3 gzuz, mirqum

1/4 ħjar, imqatta' bin-nofs għat-tul, imbagħad imqatta' rqiq

3 imgħaref taċ-ċavella mqatta' jew imqatta'

16-il tadam taċ-ċirasa

1/2 tazza lewż imqatta'

1/4 basla bajda, imqatta'

Melħ u bżar, għat-togħma

8 uqija ġobon vegan

Dressing

1 sprig cilantro, ikkapuljat

1 tablespoon ħall abjad distillat

1/4 lumi, meraq, madwar 2 kuċċarini

1/4 tazza żejt taż-żebbuġa extra verġni

1 tsp. mustarda Ingliża

Prep

Għaqqad l-ingredjenti kollha tal-ilbies fi proċessur tal-ikel.

Itfa' mal-bqija tal-ingredjenti u għaqqad sew.

Tomatillo tal-Kaboċċa Napa u Insalata tal-Ġobon Parmesan Vegan

Ingredjenti:

6 sa 7 tazzi kaboċċi Napa, 3 gzuz, mirqum

1/4 ħjar, imqatta' bin-nofs għat-tul, imbagħad imqatta' rqiq

3 imgħaref taċ-ċavella mqatta' jew imqatta'

16-il tomatillo, imqatta' bin-nofs

1/2 tazza lewż imqatta'

1/4 basla bajda, imqatta'

Melħ u bżar, għat-togħma

Ġobon Parmesan Vegan (Ikel tal-Anġli)

Dressing

1 sprig cilantro, ikkapuljat

1 tablespoon ħall abjad distillat

1/4 lumi, meraq, madwar 2 kuċċarini

1/4 tazza żejt taż-żebbuġa extra verġni

Prep

Għaqqad l-ingredjenti kollha tal-ilbies fi proċessur tal-ikel.

Itfa' mal-bqija tal-ingredjenti u għaqqad sew.

Ċikwejra Tomatillo u Lewż Insalata

Ingredjenti:

6 sa 7 tazzi ċikwejra, 3 gzuz, mirqum
1/4 ħjar, imqatta' bin-nofs għat-tul, imbagħad imqatta' rqiq
3 imgħaref taċ-ċavella mqatta' jew imqatta'
16-il tomatillo aħdar, imqatta 'minn nofs
1/2 tazza lewż imqatta'
1/4 basla bajda, imqatta'
Melħ u bżar, għat-togħma
Ġobon Parmesan Vegan (Ikel tal-Anġli)

Dressing

1 sprig cilantro, ikkapuljat
1 tablespoon ħall abjad distillat
1/4 lumi, meraq, madwar 2 kuċċarini
1/4 tazza żejt taż-żebbuġa extra verġni
1 tsp. mustarda Ingliża

Prep

Għaqqad l-ingredjenti kollha tal-ilbies fi proċessur tal-ikel.

Itfa' mal-bqija tal-ingredjenti u għaqqad sew.

Tadam Kale u Insalata tal-Ġobon Ricotta Tofu

Ingredjenti:

6 sa 7 tazzi kale, 3 gzuz, mirqum

1/4 ħjar, imqatta' bin-nofs għat-tul, imbagħad imqatta' rqiq

3 imgħaref taċ-ċavella mqatta' jew imqatta'

16-il tadam taċ-ċirasa

1/2 tazza lewż imqatta'

1/4 basla bajda, imqatta'

Melħ u bżar, għat-togħma

8 uqija Ġobon Ricotta Tofu (Tofitti)

Dressing

1 sprig cilantro, ikkapuljat

1 tablespoon ħall abjad distillat

1/4 lumi, meraq, madwar 2 kuċċarini

1/4 tazza żejt taż-żebbuġa extra verġni

1 tsp. mayonnaise bla bajd

Prep

Għaqqad l-ingredjenti kollha tal-ilbies fi proċessur tal-ikel.

Itfa' mal-bqija tal-ingredjenti u għaqqad sew.

Napa Cabbage Tomatoes and Tofu ricotta Cheese Salad

Ingredjenti:

6 sa 7 tazzi kaboċċi Napa, 3 gzuz, mirqum

1/4 ħjar, imqatta' bin-nofs għat-tul, imbagħad imqatta' rqiq

3 imgħaref taċ-ċavella mqatta' jew imqatta'

16-il tadam taċ-ċirasa

1/2 tazza lewż imqatta'

1/4 basla bajda, imqatta'

Melħ u bżar, għat-togħma

8 uqija Ġobon Ricotta Tofu (Tofitti)

Dressing

1 sprig cilantro, ikkapuljat

1 tablespoon ħall abjad distillat

1/4 lumi, meraq, madwar 2 kuċċarini

1/4 tazza żejt taż-żebbuġa extra verġni

Prep

Għaqqad l-ingredjenti kollha tal-ilbies fi proċessur tal-ikel.

Itfa' mal-bqija tal-ingredjenti u għaqqad sew.

Baby Beet Greens Tomatillos u Insalata tal-Ġobon Vegan

Ingredjenti:

6 sa 7 tazzi ħodor tal-pitravi tat-trabi, 3 gzuz, mirqum

1/4 ħjar, imqatta' bin-nofs għat-tul, imbagħad imqatta' rqiq

3 imgħaref taċ-ċavella mqatta' jew imqatta'

16-il tomatillo, imqatta' bin-nofs

1/2 tazza lewż imqatta'

1/4 basla bajda, imqatta'

Melħ u bżar, għat-togħma

8 uqija ġobon vegan

Dressing

1 sprig cilantro, ikkapuljat

1 tablespoon ħall abjad distillat

1/4 lumi, meraq, madwar 2 kuċċarini

1/4 tazza żejt taż-żebbuġa extra verġni

1 tsp. mustarda Ingliża

Prep

Għaqqad l-ingredjenti kollha tal-ilbies fi proċessur tal-ikel.

Itfa' mal-bqija tal-ingredjenti u għaqqad sew.

Insalata Super Semplici Hass Romaine

Ingredjenti:

ħass romaine tar-ras, mlaħalħa, patted u mqatta'

Dressing

1/2 tazza ħall tal-inbid abjad

1 tablespoon żejt taż-żebbuġa extra verġni

Bżar iswed mitħun frisk

3/4 tazza lewż mitħun fin

Melħ tal-baħar

Prep

Għaqqad l-ingredjenti kollha tal-ilbies fi proċessur tal-ikel.

Itfa' mal-bqija tal-ingredjenti u għaqqad sew.

Insalata Easy Bib Ħass

Ingredjenti:
ħass bavalor tar-ras 1, mlaħalħa, patted u mqatta

Dressing
2 tbsp. ħall tal-inbid abjad
4 imgħaref żejt tal-macadamia
Bżar iswed mitħun frisk
3/4 tazza karawett mitħun fin
Melħ tal-baħar

Prep

Għaqqad l-ingredjenti kollha tal-ilbies fi proċessur tal-ikel.

Itfa' mal-bqija tal-ingredjenti u għaqqad sew.

Insalata Boston faċli

Ingredjenti:

Ħass Boston ras 1, laħlaħ, patted u mqatta'

Dressing

2 tbsp. ħall tat-tuffieħ

4 imgħaref żejt taż-żebbuġa

Bżar iswed mitħun frisk

3/4 tazza ġewż mitħun fin oħxon

Melħ tal-baħar

Prep

Għaqqad l-ingredjenti kollha tal-ilbies fi proċessur tal-ikel.

Itfa' mal-bqija tal-ingredjenti u għaqqad sew.

Insalata tal-Ħodor Imħallta Faċli

Ingredjenti:
Ftit ta 'Mesclun, mlaħalħa, patted u mqatta'

Dressing
2 tbsp. ħall tat-tuffieħ
4 imgħaref żejt taż-żebbuġa
Bżar iswed mitħun frisk
3/4 tazza ġellewż mitħun fin oħxon
Melħ tal-baħar

Prep

Għaqqad l-ingredjenti kollha tal-ilbies fi proċessur tal-ikel.

Itfa' mal-bqija tal-ingredjenti u għaqqad sew.

Insalata Hass Bib

Ingredjenti:

ħass bavalor tar-ras 1, mlaħalħa, patted u mqatta

Dressing

2 tbsp. ħall balsamiku

4 imgħaref żejt extra verġni taż-żebbuġa

Bżar iswed mitħun frisk

3/4 tazza karawett mitħun fin

Melħ tal-baħar

Prep

Għaqqad l-ingredjenti kollha tal-ilbies fi proċessur tal-ikel.

Itfa' mal-bqija tal-ingredjenti u għaqqad sew.

Insalata tal-Ħass ta' Boston bil-Glaze Balsamic

Ingredjenti:

Ħass Boston ras 1, laħlaħ, patted u mqatta'

Dressing

2 tbsp. ħall balsamiku

4 imgħaref żejt tal-macadamia

Bżar iswed mitħun frisk

3/4 tazza lewż mitħun fin

Melħ tal-baħar

Prep

Għaqqad l-ingredjenti kollha tal-ilbies fi proċessur tal-ikel.

Itfa' mal-bqija tal-ingredjenti u għaqqad sew.

Insalata Semplići Indivja

Ingredjenti:

1 Kap ta 'indivja, mlaħalħa, patted u mqatta'

Dressing

2 tbsp. ħall tal-inbid abjad

4 imgħaref żejt extra verġni taż-żebbuġa

Bżar iswed mitħun frisk

3/4 tazza ġewż mitħun fin oħxon

Melħ tal-baħar

Prep

Għaqqad l-ingredjenti kollha tal-ilbies fi proċessur tal-ikel.

Itfa' mal-bqija tal-ingredjenti u għaqqad sew.

Insalata tal-Ħodor Imħallta

Ingredjenti:
Ftit ta 'Mesclun, mlaħalħa, patted u mqatta'
Dressing
2 tbsp. ħall abjad distillat
4 imgħaref żejt extra verġni taż-żebbuġa
Bżar iswed mitħun frisk
3/4 tazza anakardju mitħun fin oħxon
Melħ tal-baħar

Prep

Għaqqad l-ingredjenti kollha tal-ilbies fi proċessur tal-ikel.

Itfa' mal-bqija tal-ingredjenti u għaqqad sew.

Hass Boston u insalata tal-karawett

Ingredjenti:

Ħass Boston ras 1, laħlaħ, patted u mqatta'

Dressing

2 tbsp. ħall tat-tuffieħ

4 imgħaref żejt taż-żebbuġa

Bżar iswed mitħun frisk

3/4 tazza karawett mitħun fin

Melħ tal-baħar

Prep

Għaqqad l-ingredjenti kollha tal-ilbies fi proċessur tal-ikel.

Itfa' mal-bqija tal-ingredjenti u għaqqad sew.

Ħass Boston bi Glaze Balsamic

Ingredjenti:

Ħass Boston ras 1, laħlaħ, patted u mqatta'

Dressing

2 tbsp. ħall balsamiku

4 imgħaref żejt tal-macadamia

Bżar iswed mitħun frisk

3/4 tazza ġellewż mitħun fin oħxon

Melħ tal-baħar

Prep

Għaqqad l-ingredjenti kollha tal-ilbies fi proċessur tal-ikel.

Itfa' mal-bqija tal-ingredjenti u għaqqad sew.

Hass Bib bil-Vinaigrette tal-Ġewż

Ingredjenti:

ħass bavalor tar-ras 1, mlaħalħa, patted u mqatta

Dressing

2 tbsp. ħall abjad distillat

4 imgħaref żejt extra verġni taż-żebbuġa

Bżar iswed mitħun frisk

3/4 tazza ġewż mitħun fin oħxon

Melħ tal-baħar

Prep

Għaqqad l-ingredjenti kollha tal-ilbies fi proċessur tal-ikel.

Itfa' mal-bqija tal-ingredjenti u għaqqad sew.

Hass Romaine bil-Vinaigrette tal-Ġellewż

Ingredjenti:

ħass romaine tar-ras, mlaħalħa, patted u mqatta'

Dressing

2 tbsp. ħall tat-tuffieħ

4 imgħaref żejt extra verġni taż-żebbuġa

Bżar iswed mitħun frisk

3/4 tazza ġellewż mitħun fin oħxon

Melħ tal-baħar

Prep

Għaqqad l-ingredjenti kollha tal-ilbies fi proċessur tal-ikel.

Itfa' mal-bqija tal-ingredjenti u għaqqad sew.

Hodor Imħallta bl-Insalata tal-Vinaigrette tal-Lewż

Ingredjenti:
Ftit ta 'Mesclun, mlaħalħa, patted u mqatta'

Dressing
2 tbsp. ħall tal-inbid abjad

4 imgħaref żejt taż-żebbuġa

Bżar iswed mitħun frisk

3/4 tazza lewż mitħun fin

Melħ tal-baħar

Prep

Għaqqad l-ingredjenti kollha tal-ilbies fi proċessur tal-ikel.

Itfa' mal-bqija tal-ingredjenti u għaqqad sew.

Indivja bl-Insalata tal-Karawett u Vinaigrette Balsamika

Ingredjenti:

1 Kap ta 'indivja, mlaħalħa, patted u mqatta'

Dressing

2 tbsp. ħall balsamiku

4 imgħaref żejt extra verġni taż-żebbuġa

Bżar iswed mitħun frisk

3/4 tazza karawett mitħun fin

Melħ tal-baħar

Prep

Għaqqad l-ingredjenti kollha tal-ilbies fi proċessur tal-ikel.

Itfa' mal-bqija tal-ingredjenti u għaqqad sew.

Hass Bib bil-Vinaigrette tal-anakardju

Ingredjenti:

ħass bavalor tar-ras 1, mlaħalħa, patted u mqatta

Dressing

2 tbsp. ħall abjad distillat

4 imgħaref żejt tal-macadamia

Bżar iswed mitħun frisk

3/4 tazza anakardju mitħun fin oħxon

Melħ tal-baħar

Prep

Għaqqad l-ingredjenti kollha tal-ilbies fi proċessur tal-ikel.

Itfa' mal-bqija tal-ingredjenti u għaqqad sew.

Hass Romaine bl-Insalata tal-Vinaigrette tal-Ġewż

Ingredjenti:
ħass romaine tar-ras, mlaħalħa, patted u mqatta'

Dressing
2 tbsp. ħall tal-inbid aħmar
1 tablespoon żejt taż-żebbuġa extra verġni
Bżar iswed mitħun frisk
3/4 tazza ġewż mitħun fin oħxon
Melħ tal-baħar

Prep

Għaqqad l-ingredjenti kollha tal-ilbies fi proċessur tal-ikel.

Itfa' mal-bqija tal-ingredjenti u għaqqad sew.

Ħodor Imħallta bl-Insalata tal-Vinaigrette tal-Lewż

Ingredjenti:

Ftit ta 'Mesclun, mlaħalħa, patted u mqatta'

Dressing

2 tbsp. ħall balsamiku

1 tablespoon żejt taż-żebbuġa extra verġni

Bżar iswed mitħun frisk

3/4 tazza lewż mitħun fin

Melħ tal-baħar

Prep

Għaqqad l-ingredjenti kollha tal-ilbies fi proċessur tal-ikel.

Itfa' mal-bqija tal-ingredjenti u għaqqad sew.

Ħass Romaine bl-Insalata tal-Vinaigrette tal-anakardju

Ingredjenti:
ħass romaine tar-ras, mlaħalħa, patted u mqatta'

Dressing
2 tbsp. ħall tat-tuffieħ

4 imgħaref żejt taż-żebbuġa

Bżar iswed mitħun frisk

3/4 tazza anakardju mitħun fin oħxon

Melħ tal-baħar

Prep

Għaqqad l-ingredjenti kollha tal-ilbies fi proċessur tal-ikel.

Itfa' mal-bqija tal-ingredjenti u għaqqad sew.

Indivja bl-Insalata tal-Vinaigrette tal-Ġellewż

Ingredjenti:
1 Kap ta 'indivja, mlaħalħa, patted u mqatta'

Dressing
2 tbsp. ħall tal-inbid abjad
4 imgħaref żejt extra verġni taż-żebbuġa
Bżar iswed mitħun frisk
3/4 tazza ġellewż mitħun fin oħxon
Melħ tal-baħar

Prep

Għaqqad l-ingredjenti kollha tal-ilbies fi proċessur tal-ikel.

Itfa' mal-bqija tal-ingredjenti u għaqqad sew.

Bib Ħass bl-Insalata tal-Vinaigrette tal-Karawett

Ingredjenti:

ħass bavalor tar-ras 1, mlaħalħa, patted u mqatta

Dressing

2 tbsp. ħall abjad distillat

4 imgħaref żejt tal-macadamia

Bżar iswed mitħun frisk

3/4 tazza karawett mitħun fin

Melħ tal-baħar

Prep

Għaqqad l-ingredjenti kollha tal-ilbies fi proċessur tal-ikel.

Itfa' mal-bqija tal-ingredjenti u għaqqad sew.

Gradilji Insalata Ħass Boston

Ingredjenti:
Ħass Boston ras 1, laħlaħ, patted u mqatta'

Dressing
2 tbsp. ħall tal-inbid abjad
4 imgħaref żejt extra verġni taż-żebbuġa
Bżar iswed mitħun frisk
3/4 tazza lewż mitħun fin
Melħ tal-baħar

Prep
Grill il-ħass u/jew il-ħodor fuq nar medju sakemm jinħaraq ftit

Għaqqad l-ingredjenti kollha tal-ilbies fi proċessur tal-ikel.

Itfa' mal-bqija tal-ingredjenti u għaqqad sew.

Insalata tal-Ħass Romaine Grilled

Ingredjenti:

ħass romaine tar-ras, mlaħalħa, patted u mqatta'

Dressing

2 tbsp. ħall balsamiku

4 imgħaref żejt extra verġni taż-żebbuġa

Bżar iswed mitħun frisk

3/4 tazza karawett mitħun fin

Melħ tal-baħar

Prep

Grill il-ħass u/jew il-ħodor fuq nar medju sakemm jinħaraq ftit

Għaqqad l-ingredjenti kollha tal-ilbies fi proċessur tal-ikel.

Itfa' mal-bqija tal-ingredjenti u għaqqad sew.

Insalata tal-Ħass Romaine Grilled u Vinaigrette tal-anakardju

Ingredjenti:
ħass romaine tar-ras, mlaħalħa, patted u mqatta'

Dressing
2 tbsp. ħall tal-inbid aħmar
4 imgħaref żejt taż-żebbuġa
Bżar iswed mitħun frisk
3/4 tazza anakardju mitħun fin oħxon
Melħ tal-baħar

Prep
Grill il-ħass u/jew il-ħodor fuq nar medju sakemm jinħaraq ftit

Għaqqad l-ingredjenti kollha tal-ilbies fi proċessur tal-ikel.

Itfa' mal-bqija tal-ingredjenti u għaqqad sew.

Ħass Romaine Grilled u Insalata Vinaigrette tal-Lewż

Ingredjenti:

ħass romaine tar-ras, mlaħalħa, patted u mqatta'

Dressing

2 tbsp. ħall tal-inbid aħmar

4 imgħaref żejt extra verġni taż-żebbuġa

Bżar iswed mitħun frisk

3/4 tazza lewż mitħun fin

Melħ tal-baħar

Prep

Grill il-ħass u/jew il-ħodor fuq nar medju sakemm jinħaraq ftit

Għaqqad l-ingredjenti kollha tal-ilbies fi proċessur tal-ikel.

Itfa' mal-bqija tal-ingredjenti u għaqqad sew.

Kaboċċa Napa Grilled bil-Vinaigrette tal-anakardju

Ingredjenti:
1 kaboċċa Napa tar-ras, laħlaħ, patted u mqatta
½ tazza kappar

Dressing
2 tbsp. ħall balsamiku
4 imgħaref żejt tal-macadamia
Bżar iswed mitħun frisk
3/4 tazza anakardju mitħun fin oħxon
Melħ tal-baħar

Prep
Grill il-ħass u/jew il-ħodor fuq nar medju sakemm jinħaraq ftit

Għaqqad l-ingredjenti kollha tal-ilbies fi proċessur tal-ikel.

Itfa' mal-bqija tal-ingredjenti u għaqqad sew.

Hass Boston grilled u insalata tal-vinaigrette tal-anakardju

Ingredjenti:
Ħass Boston ras 1, laħlaħ, patted u mqatta'

½ tazza żebbuġ aħdar

Dressing
2 tbsp. ħall tal-inbid abjad

4 imgħaref żejt extra verġni taż-żebbuġa

Bżar iswed mitħun frisk

3/4 tazza anakardju mitħun fin oħxon

Melħ tal-baħar

Prep
Grill il-ħass u/jew il-ħodor fuq nar medju sakemm jinħaraq ftit

Għaqqad l-ingredjenti kollha tal-ilbies fi proċessur tal-ikel.

Itfa' mal-bqija tal-ingredjenti u għaqqad sew.

Hass Romaine Grilled u Insalata taż-Żebbuġ Aħdar

Ingredjenti:
ħass romaine tar-ras, mlaħalħa, patted u mqatta'
½ tazza żebbuġ aħdar

Dressing
2 tbsp. ħall tat-tuffieħ
4 imgħaref żejt taż-żebbuġa
Bżar iswed mitħun frisk
3/4 tazza ġewż mitħun fin oħxon
Melħ tal-baħar

Prep
Grill il-ħass u/jew il-ħodor fuq nar medju sakemm jinħaraq ftit

Għaqqad l-ingredjenti kollha tal-ilbies fi proċessur tal-ikel.

Itfa' mal-bqija tal-ingredjenti u għaqqad sew.

Grilled Bib Ħass u Żebbuġ Aħdar Insalata

Ingredjenti:
ħass bavalor tar-ras 1, mlaħalħa, patted u mqatta

½ tazza żebbuġ aħdar

Dressing
2 tbsp. ħall tal-inbid aħmar

4 imgħaref żejt extra verġni taż-żebbuġa

Bżar iswed mitħun frisk

3/4 tazza lewż mitħun fin

Melħ tal-baħar

Prep
Grill il-ħass u/jew il-ħodor fuq nar medju sakemm jinħaraq ftit

Għaqqad l-ingredjenti kollha tal-ilbies fi proċessur tal-ikel.

Itfa' mal-bqija tal-ingredjenti u għaqqad sew.

Hass Romaine Grilled u Insalata tal-Kappar Hodor

Ingredjenti:
ħass romaine tar-ras, mlaħalħa, patted u mqatta'
½ tazza kappar aħdar

Dressing
2 tbsp. ħall tat-tuffieħ
4 imgħaref żejt extra verġni taż-żebbuġa
Bżar iswed mitħun frisk
3/4 tazza karawett mitħun fin
Melħ tal-baħar

Prep
Grill il-ħass u/jew il-ħodor fuq nar medju sakemm jinħaraq ftit

Għaqqad l-ingredjenti kollha tal-ilbies fi proċessur tal-ikel.

Itfa' mal-bqija tal-ingredjenti u għaqqad sew.

Hass Romaine Grilled u Insalata tal-Kappar

Ingredjenti:
ħass romaine tar-ras, mlaħalħa, patted u mqatta'

½ tazza kappar aħdar

Dressing
2 tbsp. ħall tal-inbid abjad

4 imgħaref żejt extra verġni taż-żebbuġa

Bżar iswed mitħun frisk

3/4 tazza ġewż mitħun fin oħxon

Melħ tal-baħar

Prep
Grill il-ħass u/jew il-ħodor fuq nar medju sakemm jinħaraq ftit

Għaqqad l-ingredjenti kollha tal-ilbies fi proċessur tal-ikel.

Itfa' mal-bqija tal-ingredjenti u għaqqad sew.

Insalata ta' Boston Grilled u Żebbuġ Iswed

Ingredjenti:
Hass Boston ras 1, laħlaħ, patted u mqatta'
½ tazza żebbuġ iswed

Dressing
2 tbsp. ħall balsamiku
4 imgħaref żejt tal-macadamia
Bżar iswed mitħun frisk
3/4 tazza anakardju mitħun fin oħxon
Melħ tal-baħar

Prep
Grill il-ħass u/jew il-ħodor fuq nar medju sakemm jinħaraq ftit

Għaqqad l-ingredjenti kollha tal-ilbies fi proċessur tal-ikel.

Itfa' mal-bqija tal-ingredjenti u għaqqad sew.

Ħass Romaine Grilled u Insalata taż-Żebbuġ Kalamata

Ingredjenti:

ħass romaine tar-ras, mlaħalħa, patted u mqatta'

½ tazza żebbuġ Kalamata

Dressing

2 tbsp. ħall tal-inbid aħmar

4 imgħaref żejt taż-żebbuġa

Bżar iswed mitħun frisk

3/4 tazza lewż mitħun fin

Melħ tal-baħar

Prep

Grill il-ħass u/jew il-ħodor fuq nar medju sakemm jinħaraq ftit

Għaqqad l-ingredjenti kollha tal-ilbies fi proċessur tal-ikel.

Itfa' mal-bqija tal-ingredjenti u għaqqad sew.

Ħass Romaine biż-Żebbuġ Aħdar u Vinaigrette tal-Karawett

Ingredjenti:

ħass romaine tar-ras, mlaħalħa, patted u mqatta'

½ tazza żebbuġ aħdar

Dressing

2 tbsp. ħall tat-tuffieħ

4 imgħaref żejt extra verġni taż-żebbuġa

Bżar iswed mitħun frisk

3/4 tazza karawett mitħun fin

Melħ tal-baħar

Prep

Għaqqad l-ingredjenti kollha tal-ilbies fi proċessur tal-ikel.

Itfa' mal-bqija tal-ingredjenti u għaqqad sew.

Kappar Ħass Romaine u Vinaigrette tal-Lewż

Ingredjenti:

ħass romaine tar-ras, mlaħalħa, patted u mqatta'

½ tazza kappar

Dressing

2 tbsp. ħall tat-tuffieħ

4 imgħaref żejt extra verġni taż-żebbuġa

Bżar iswed mitħun frisk

3/4 tazza lewż mitħun fin

Melħ tal-baħar

Prep

Għaqqad l-ingredjenti kollha tal-ilbies fi proċessur tal-ikel.

Itfa' mal-bqija tal-ingredjenti u għaqqad sew.

Hass Boston Bil-Qlub tal-Qaqoċċ u Vinaigrette tal-anakardju

Ingredjenti:
Hass Boston ras 1, laħlaħ, patted u mqatta'
½ tazza qlub tal-qaqoċċ

Dressing
2 tbsp. ħall tal-inbid abjad
4 imgħaref żejt extra verġni taż-żebbuġa
Bżar iswed mitħun frisk
3/4 tazza anakardju mitħun fin oħxon
Melħ tal-baħar

Prep

Għaqqad l-ingredjenti kollha tal-ilbies fi proċessur tal-ikel.

Itfa' mal-bqija tal-ingredjenti u għaqqad sew.

Qlub tal-qaqoċċ u tal-qaqoċċ bil-glaze balsamika

Ingredjenti:
qaqoċċ 1, mlaħalħa & patted

½ tazza qlub tal-qaqoċċ

Dressing
2 tbsp. ħall balsamiku

4 imgħaref żejt tal-macadamia

Bżar iswed mitħun frisk

3/4 tazza karawett mitħun fin

Melħ tal-baħar

Prep

Għaqqad l-ingredjenti kollha tal-ilbies fi proċessur tal-ikel.

Itfa' mal-bqija tal-ingredjenti u għaqqad sew.

Qaqoċċ u Żebbuġ Aħdar bil-Vinaigrette tal-Ġewż

Ingredjenti:
qaqoċċ 1, mlaħalħa u patted
½ tazza żebbuġ aħdar

Dressing
2 tbsp. ħall tal-inbid aħmar
4 imgħaref żejt extra verġni taż-żebbuġa
Bżar iswed mitħun frisk
3/4 tazza ġewż mitħun fin oħxon
Melħ tal-baħar

Prep

Għaqqad l-ingredjenti kollha tal-ilbies fi proċessur tal-ikel.

Itfa' mal-bqija tal-ingredjenti u għaqqad sew.

Hass Romaine biż-Żebbuġ Iswed u l-Qlub tal-Qaqoċċ

Ingredjenti:

ħass romaine tar-ras, mlaħalħa, patted u mqatta'

½ tazza żebbuġ iswed

½ tazza qlub tal-qaqoċċ

Dressing

2 tbsp. ħall tat-tuffieħ

4 imgħaref żejt taż-żebbuġa

Bżar iswed mitħun frisk

3/4 tazza lewż mitħun fin

Melħ tal-baħar

Prep

Għaqqad l-ingredjenti kollha tal-ilbies fi proċessur tal-ikel.

Itfa' mal-bqija tal-ingredjenti u għaqqad sew.

Qlub tal-Qaqoċċ bl-Insalata taż-Żebbuġ Iswed

Ingredjenti:
ħass romaine tar-ras, mlaħalħa, patted u mqatta'
½ tazza żebbuġ iswed
½ tazza qlub tal-qaqoċċ

Dressing
2 tbsp. ħall tal-inbid abjad
4 imgħaref żejt extra verġni taż-żebbuġa
Bżar iswed mitħun frisk
3/4 tazza karawett mitħun fin
Melħ tal-baħar

Prep

Għaqqad l-ingredjenti kollha tal-ilbies fi proċessur tal-ikel.

Itfa' mal-bqija tal-ingredjenti u għaqqad sew.

Hass Boston Żebbuġ Iswed u Insalata tal-Qalb tal-Qaqoċċ

Ingredjenti:
Hass Boston ras 1, laħlaħ, patted u mqatta'

½ tazza żebbuġ iswed

½ tazza qlub tal-qaqoċċ

Dressing
2 tbsp. ħall tal-inbid aħmar

4 imgħaref żejt extra verġni taż-żebbuġa

Bżar iswed mitħun frisk

3/4 tazza lewż mitħun fin

Melħ tal-baħar

Prep

Għaqqad l-ingredjenti kollha tal-ilbies fi proċessur tal-ikel.

Itfa' mal-bqija tal-ingredjenti u għaqqad sew.

Hass Romaine bil-Qalb tal-Qaqoċċ ma Insalata Vinaigrette tal-Macadamia

Ingredjenti:

ħass romaine tar-ras, mlaħalħa, patted u mqatta'

½ tazza żebbuġ iswed

½ tazza qlub tal-qaqoċċ

Dressing

2 tbsp. ħall balsamiku

4 imgħaref żejt tal-macadamia

Bżar iswed mitħun frisk

3/4 tazza anakardju mitħun fin oħxon

Melħ tal-baħar

Prep

Għaqqad l-ingredjenti kollha tal-ilbies fi proċessur tal-ikel.

Itfa' mal-bqija tal-ingredjenti u għaqqad sew.

Bib Ħass Żebbuġ Iswed u Insalata tal-Qalb tal-Qaqoċċ

Ingredjenti:

ħass bavalor tar-ras 1, mlaħalħa, patted u mqatta

½ tazza żebbuġ iswed

½ tazza qlub tal-qaqoċċ

Dressing

2 tbsp. ħall tal-inbid abjad

4 imgħaref żejt extra verġni taż-żebbuġa

Bżar iswed mitħun frisk

3/4 tazza lewż mitħun fin

Melħ tal-baħar

Prep

Għaqqad l-ingredjenti kollha tal-ilbies fi proċessur tal-ikel.

Itfa' mal-bqija tal-ingredjenti u għaqqad sew.

Ħass Boston bil-Vinaigrette tat-tuffieħ

Ingredjenti:
Ħass Boston ras 1, laħlaħ, patted u mqatta'
½ tazza żebbuġ iswed
½ tazza qlub tal-qaqoċċ

Dressing
2 tbsp. ħall tat-tuffieħ
4 imgħaref żejt extra verġni taż-żebbuġa
Bżar iswed mitħun frisk
3/4 tazza karawett mitħun fin
Melħ tal-baħar

Prep

Għaqqad l-ingredjenti kollha tal-ilbies fi proċessur tal-ikel.

Itfa' mal-bqija tal-ingredjenti u għaqqad sew.

Ħass Romaine bil-Qalb tal-Qaqoċċ u Insalata tal-Vinaigrette tal-anakardju

Ingredjenti:
ħass romaine tar-ras, mlaħalħa, patted u mqatta'
½ tazza żebbuġ iswed
½ tazza qlub tal-qaqoċċ

Dressing
2 tbsp. ħall tal-inbid aħmar
4 imgħaref żejt taż-żebbuġa
Bżar iswed mitħun frisk
3/4 tazza anakardju mitħun fin oħxon
Melħ tal-baħar

Prep

Għaqqad l-ingredjenti kollha tal-ilbies fi proċessur tal-ikel.

Itfa' mal-bqija tal-ingredjenti u għaqqad sew.

Qalb tal-Qaqoċċ Ħass Romaine u Insalata taż-Żebbuġ Ħadra

Ingredjenti:

ħass romaine tar-ras, mlaħalħa, patted u mqatta'

½ tazza żebbuġ aħdar

½ tazza qlub tal-qaqoċċ

Dressing

2 tbsp. ħall tal-inbid aħmar

4 imgħaref żejt tal-macadamia

Bżar iswed mitħun frisk

3/4 tazza ġewż mitħun fin oħxon

Melħ tal-baħar

Prep

Għaqqad l-ingredjenti kollha tal-ilbies fi proċessur tal-ikel.

Itfa' mal-bqija tal-ingredjenti u għaqqad sew.

Ħass Bib Żebbuġ Kalamata u Insalata tal-Qalb tal-Qaqoċċ

Ingredjenti:
ħass bavalor tar-ras 1, mlaħalħa, patted u mqatta
½ tazza żebbuġ Kalamata
½ tazza qlub tal-qaqoċċ

Dressing
2 tbsp. ħall tal-inbid abjad
4 imgħaref żejt extra verġni taż-żebbuġa
Bżar iswed mitħun frisk
3/4 tazza lewż mitħun fin
Melħ tal-baħar

Prep

Għaqqad l-ingredjenti kollha tal-ilbies fi proċessur tal-ikel.

Itfa' mal-bqija tal-ingredjenti u għaqqad sew.

Romaine Hass Baby Corn u Qaqoċċ insalata

Ingredjenti:

ħass romaine tar-ras, mlaħalħa, patted u mqatta'

½ tazza baby corn

½ tazza qlub tal-qaqoċċ

Dressing

2 tbsp. ħall balsamiku

4 imgħaref żejt tal-macadamia

Bżar iswed mitħun frisk

3/4 tazza anakardju mitħun fin oħxon

Melħ tal-baħar

Prep

Għaqqad l-ingredjenti kollha tal-ilbies fi proċessur tal-ikel.

Itfa' mal-bqija tal-ingredjenti u għaqqad sew.

Hass Boston Karrotti tat-trabi u insalata tal-Qalb tal-Qaqoċċ

Ingredjenti:

Hass Boston ras 1, laħlaħ, patted u mqatta'

½ tazza karrotti tat-trabi

½ tazza qlub tal-qaqoċċ

Dressing

2 tbsp. ħall tal-inbid abjad

4 imgħaref żejt extra verġni taż-żebbuġa

Bżar iswed mitħun frisk

3/4 tazza karawett mitħun fin

Melħ tal-baħar

Prep

Għaqqad l-ingredjenti kollha tal-ilbies fi proċessur tal-ikel.

Itfa' mal-bqija tal-ingredjenti u għaqqad sew.

Hass Romaine Żebbuġ Iswed u Insalata Baby Corn

Ingredjenti:

ħass romaine tar-ras, mlaħalħa, patted u mqatta'

½ tazza żebbuġ iswed

½ tazza qamħ tat-trabi fil-laned

Dressing

2 tbsp. ħall tat-tuffieħ

4 imgħaref żejt taż-żebbuġa

Bżar iswed mitħun frisk

3/4 tazza lewż mitħun fin

Melħ tal-baħar

Prep

Għaqqad l-ingredjenti kollha tal-ilbies fi proċessur tal-ikel.

Itfa' mal-bqija tal-ingredjenti u għaqqad sew.

Hass Romaine & Karrotti tat-trabi bl-Insalata tal-Vinaigrette tal-Ġewż

Ingredjenti:

ħass romaine tar-ras, mlaħalħa, patted u mqatta'

½ tazza żebbuġ iswed

½ tazza karrotti tat-trabi

Dressing

2 tbsp. ħall tal-inbid abjad

4 imgħaref żejt extra verġni taż-żebbuġa

Bżar iswed mitħun frisk

3/4 tazza ġewż mitħun fin oħxon

Melħ tal-baħar

Prep

Għaqqad l-ingredjenti kollha tal-ilbies fi proċessur tal-ikel.

Itfa' mal-bqija tal-ingredjenti u għaqqad sew.

Ħass Boston bil-kappar u insalata tal-qalb tal-qaqoċċ

Ingredjenti:
Ħass Boston ras 1, laħlaħ, patted u mqatta'

½ tazza kappar

½ tazza qlub tal-qaqoċċ

Dressing
2 tbsp. ħall tal-inbid aħmar

4 imgħaref żejt extra verġni taż-żebbuġa

Bżar iswed mitħun frisk

3/4 tazza lewż mitħun fin

Melħ tal-baħar

Prep

Għaqqad l-ingredjenti kollha tal-ilbies fi proċessur tal-ikel.

Itfa' mal-bqija tal-ingredjenti u għaqqad sew.

Hass Romaine Żebbuġ Aħdar u Qalb tal-Qaqoċċ bil-Vinaigrette tal-Macadamia

Ingredjenti:
ħass romaine tar-ras, mlaħalħa, patted u mqatta'
½ tazza żebbuġ aħdar
½ tazza qlub tal-qaqoċċ

Dressing
2 tbsp. ħall balsamiku
4 imgħaref żejt tal-macadamia
Bżar iswed mitħun frisk
3/4 tazza anakardju mitħun fin oħxon
Melħ tal-baħar

Prep

Għaqqad l-ingredjenti kollha tal-ilbies fi proċessur tal-ikel.

Itfa' mal-bqija tal-ingredjenti u għaqqad sew.

Bib Hass Żebbuġ u Karrotti tat-trabi bl-Insalata tal-Vinaigrette tal-Ġewż

Ingredjenti:

ħass bavalor tar-ras 1, mlaħalħa, patted u mqatta

½ tazza żebbuġ iswed

½ tazza karrotti tat-trabi

Dressing

2 tbsp. ħall tat-tuffieħ

4 imgħaref żejt extra verġni taż-żebbuġa

Bżar iswed mitħun frisk

3/4 tazza ġewż mitħun fin oħxon

Melħ tal-baħar

Prep

Għaqqad l-ingredjenti kollha tal-ilbies fi proċessur tal-ikel.

Itfa' mal-bqija tal-ingredjenti u għaqqad sew.

Ħass Romaine ma Insalata tal-Qamħirrum tat-trabi

Ingredjenti:

ħass romaine tar-ras, mlaħalħa, patted u mqatta'

½ tazza żebbuġ iswed

½ tazza qamħ tat-trabi fil-laned

Dressing

2 tbsp. ħall tal-inbid aħmar

4 imgħaref żejt extra verġni taż-żebbuġa

Bżar iswed mitħun frisk

3/4 tazza lewż mitħun fin

Melħ tal-baħar

Prep

Għaqqad l-ingredjenti kollha tal-ilbies fi proċessur tal-ikel.

Itfa' mal-bqija tal-ingredjenti u għaqqad sew.

Hass Romaine Basla Hamra u Qalb tal-Qaqoċċ bl-Insalata tal-Vinaigrette tal-Karawett

Ingredjenti:

ħass romaine tar-ras, mlaħalħa, patted u mqatta'

½ tazza basla ħamra mqatta'

½ tazza qlub tal-qaqoċċ

Dressing

2 tbsp. ħall tal-inbid abjad

4 imgħaref żejt extra verġni taż-żebbuġa

Bżar iswed mitħun frisk

3/4 tazza karawett mitħun fin

Melħ tal-baħar

Prep

Għaqqad l-ingredjenti kollha tal-ilbies fi proċessur tal-ikel.

Itfa' mal-bqija tal-ingredjenti u għaqqad sew.

Ħass Boston Żebbuġ Iswed u Baby Corn bl-Insalata tal-Vinaigrette tal-Lewż

Ingredjenti:

Ħass Boston ras 1, laħlaħ, patted u mqatta'

½ tazza żebbuġ iswed

½ tazza qamħ tat-trabi fil-laned

Dressing

2 tbsp. ħall tal-inbid abjad

4 imgħaref żejt taż-żebbuġa

Bżar iswed mitħun frisk

3/4 tazza lewż mitħun fin

Melħ tal-baħar

Prep

Għaqqad l-ingredjenti kollha tal-ilbies fi proċessur tal-ikel.

Itfa' mal-bqija tal-ingredjenti u għaqqad sew.

Indivja u Insalata taż-Żebbuġ Aħdar

Ingredjenti:

1 indivja mlaħalħa, patted u mqatta

½ tazza żebbuġ aħdar

½ tazza qlub tal-qaqoċċ

Dressing

2 tbsp. ħall tal-inbid abjad

4 imgħaref żejt tal-macadamia

Bżar iswed mitħun frisk

3/4 tazza anakardju mitħun fin oħxon

Melħ tal-baħar

Prep

Għaqqad l-ingredjenti kollha tal-ilbies fi proċessur tal-ikel.

Itfa' mal-bqija tal-ingredjenti u għaqqad sew.

Ħodor Imħallta Żebbuġ u Insalata tal-Qalb tal-Qaqoċċ

Ingredjenti:

1 mazz ta 'ħodor imħallat, mlaħalħa, patted u mqatta'

½ tazza żebbuġ iswed

½ tazza qlub tal-qaqoċċ

Dressing

2 tbsp. ħall tal-inbid abjad

4 imgħaref żejt extra verġni taż-żebbuġa

Bżar iswed mitħun frisk

3/4 tazza ġewż mitħun fin oħxon

Melħ tal-baħar

Prep

Għaqqad l-ingredjenti kollha tal-ilbies fi proċessur tal-ikel.

Itfa' mal-bqija tal-ingredjenti u għaqqad sew.

Insalata tal-Qalb tal-Ħass u Qaqoċċ Boston

Ingredjenti:

Ħass Boston ras 1, laħlaħ, patted u mqatta'

½ tazza żebbuġ Kalamata

½ tazza qlub tal-qaqoċċ

Dressing

2 tbsp. ħall balsamiku

4 imgħaref żejt extra verġni taż-żebbuġa

Bżar iswed mitħun frisk

3/4 tazza lewż mitħun fin

Melħ tal-baħar

Prep

Għaqqad l-ingredjenti kollha tal-ilbies fi proċessur tal-ikel.

Itfa' mal-bqija tal-ingredjenti u għaqqad sew.

Asparagu Grilled Bżar Aħdar u Squash

Ingredjenti tal-immarinar

1/4 tazza żejt taż-żebbuġa extra verġni

2 imgħaref għasel

4 kuċċarini ħall balsamiku

1 kuċċarina oregano imnixxef

1 kuċċarina trab tat-tewm

1/8 kuċċarina bżar tal-qawsalla

Melħ tal-baħar

Ingredjenti veġetali

1 libbra asparagu frisk, mirqum

3 karrotti żgħar, maqtugħin bin-nofs tul

1 bżar aħdar ħelu kbir, maqtugħ fi strixxi ta '1 pulzier

1 squash isfar medju tas-sajf, maqtugħ fi flieli ta '1/2-il pulzier

1 basla safra medja, maqtugħa f'kunjardi

Għaqqad l-ingredjenti tal-immarinar.

Għaqqad it-3 imgħaref immarinat u l-ħaxix f'borża.

Immarinat 1 1/2 siegħa f'temperatura tal-kamra jew matul il-lejl fil-friġġ.

Grill il-ħaxix fuq sħana medja għal 8-12-il minuta jew sakemm ikunu offerti.

Roxx l-immarinar li fadal.

Zucchini Semplići Grilled u Basal Aħmar

Ingredjenti

2 zucchini kbar, maqtugħin fit-tul f'ċangaturi ta' ½ pulzier

2 basal aħmar kbir, maqtugħ f'ċrieki ta' ½ pulzier iżda ma jisseparax f'ċrieki individwali

2 tbsp. żejt taż-żebbuġa extra verġni

2 tbsp. Ranch dressing taħlita

Ħafif kull naħa tal-ħaxix biż-żejt taż-żebbuġa.

Staġun bit-taħlita tar-ranch dressing

Grill fuq 4 minuti fuq sħana medja jew sakemm issir offerta.

Qamħirrum Sempliċi Grilled u Portobello

Ingredjenti

2 Qamħirrum kbar, maqtugħa fit-tul

5 pcs. Portobello, imlaħlaħ u imsaffi

Ingredjenti tal-immarinar:

6 tbsp. żejt taż-żebbuġa extra verġni

Melħ tal-baħar, għat-togħma

3 tbsp. ħall abjad distillat

1 tsp. mustarda ta' Dijon

Immarina l-ħaxix bl-ingredjenti tal-ilbies jew tal-immarinar għal 15 sa 30 min.

Grill għal 4 minuti fuq sħana medja jew sakemm il-ħaxix isir offerta.

Brunġiel Immarinat Grilled u Zucchini

Ingredjenti

2 Brunġiel kbar, maqtugħin fit-tul u maqtugħin bin-nofs

2 Zucchinis kbar, maqtugħin fit-tul u maqtugħin bin-nofs

Ingredjenti tal-immarinar:

6 tbsp. żejt taż-żebbuġa extra verġni

Melħ tal-baħar, għat-togħma

3 tbsp. ħall abjad distillat

1 tsp. mustarda ta' Dijon

Immarina l-ħaxix bl-ingredjenti tal-ilbies jew tal-immarinar għal 15 sa 30 min.

Grill għal 4 minuti fuq sħana medja jew sakemm il-ħaxix isir offerta.

Bżar Qanpiena Grilled u Broccolini

Ingredjenti

2 Bżar Qanpiena Aħdar, imqatta 'minn nofs

10 Broccolini Florets

Ingredjenti tal-immarinar:

6 tbsp. żejt taż-żebbuġa extra verġni

Melħ tal-baħar, għat-togħma

3 tbsp. ħall abjad distillat

1 tsp. mustarda ta' Dijon

Immarina l-ħaxix bl-ingredjenti tal-ilbies jew tal-immarinar għal 15 sa 30 min.

Grill għal 4 minuti fuq sħana medja jew sakemm il-ħaxix isir offerta.

Pastard Grilled u Brussel Sprouts

Ingredjenti

10 Fjuri tal-pastard

10 pcs. Brussel sprouts

Ingredjenti tal-immarinar:

6 tbsp. żejt taż-żebbuġa extra verġni

Melħ tal-baħar, għat-togħma

3 tbsp. ħall abjad distillat

1 tsp. mustarda ta' Dijon

Immarina l-ħaxix bl-ingredjenti tal-ilbies jew tal-immarinar għal 15 sa 30 min.

Grill għal 4 minuti fuq sħana medja jew sakemm il-ħaxix isir offerta.

Qamħirrum Grilled u Faqqiegħ Crimini

Ingredjenti

2 Corns, maqtugħa fit-tul

10 Faqqiegħ Crimini, imlaħlaħ u mneħħi

Ingredjenti tal-immarinar:

6 tbsp. żejt taż-żebbuġa extra verġni

Melħ tal-baħar, għat-togħma

3 tbsp. ħall abjad distillat

1 tsp. mustarda ta' Dijon

Immarina l-ħaxix bl-ingredjenti tal-ilbies jew tal-immarinar għal 15 sa 30 min.

Grill għal 4 minuti fuq sħana medja jew sakemm il-ħaxix isir offerta.

Brunġiel Grilled, Zucchini u Corn

Ingredjenti

2 Brunġiel kbar, maqtugħin fit-tul u maqtugħin bin-nofs

2 Zucchinis kbar, maqtugħin fit-tul u maqtugħin bin-nofs

2 Corns, maqtugħa fit-tul

Ingredjenti tal-immarinar:

6 tbsp. żejt taż-żebbuġa extra verġni

Melħ tal-baħar, għat-togħma

3 tbsp. ħall abjad distillat

1 tsp. mustarda ta' Dijon

Immarina l-ħaxix bl-ingredjenti tal-ilbies jew tal-immarinar għal 15 sa 30 min.

Grill għal 4 minuti fuq sħana medja jew sakemm il-ħaxix isir offerta.

Zucchini Grilled u Ananas

Ingredjenti

2 zucchini kbar, maqtugħin fit-tul f'ċangaturi ta' ½ pulzier

2 basal aħmar kbir, maqtugħ f'ċrieki ta' ½ pulzier iżda ma jisseparax f'ċrieki individwali

1 Ananas medju, imqatta 'flieli ta' 1/2 pulzier

10 Fażola ħadra

Ingredjenti tal-immarinar:

6 tbsp. żejt taż-żebbuġa extra verġni

Melħ tal-baħar, għat-togħma

3 tbsp. ħall abjad distillat

1 tsp. mustarda ta' Dijon

Immarina l-ħaxix bl-ingredjenti tal-ilbies jew tal-immarinar għal 15 sa 30 min.

Grill għal 4 minuti fuq sħana medja jew sakemm il-ħaxix isir offerta.

Portobello Grilled u Asparagu

Ingredjenti

3 pcs. Portobello, imlaħlaħ u imsaffi

2 pcs. Il-brunġiel, maqtugħ għat-tul u maqtugħ min-nofs

2 pcs. Zucchini, maqtugħa tul u maqtugħa bin-nofs

6 pcs. Asparagu

Ingredjenti tal-immarinar:

6 tbsp. żejt taż-żebbuġa extra verġni

Melħ tal-baħar, għat-togħma

3 tbsp. ħall abjad distillat

1 tsp. mustarda ta' Dijon

Immarina l-ħaxix bl-ingredjenti tal-ilbies jew tal-immarinar għal 15 sa 30 min.

Grill għal 4 minuti fuq sħana medja jew sakemm il-ħaxix isir offerta.

Riċetta sempliċi tal-Ħxejjex Grilled

Ingredjenti

3 pcs. Portobello, imlaħlaħ u imsaffi

2 pcs. Il-brunġiel, maqtugħ għat-tul u maqtugħ min-nofs

2 pcs. Zucchini, maqtugħa tul u maqtugħa bin-nofs

6 pcs. Asparagu

Ingredjenti għall-ilbies

6 tbsp. żejt taż-żebbuġa extra verġni

Melħ tal-baħar, għat-togħma

3 tbsp. ħall tat-tuffieħ

1 tbsp. għasel

1 tsp. Mayoniż bla bajd

Immarina l-ħaxix bl-ingredjenti tal-ilbies jew tal-immarinar għal 15 sa 30 min.

Grill għal 4 minuti fuq sħana medja jew sakemm il-ħaxix isir offerta.

Brunġiel Ġappuniż Grilled u Faqqiegħ Shitake

Ingredjenti

Corns, maqtugħa fit-tul

2 pcs. Brunġiel Ġappuniż, maqtugħ tul u maqtugħ bin-nofs

Faqqiegħ Shitake, laħlaħ u mneħħi

Ingredjenti għall-ilbies

6 tbsp. żejt taż-żebbuġa

Melħ tal-baħar, għat-togħma

3 tbsp. ħall tal-inbid abjad

1 tsp. Mayoniż bla bajd

Immarina l-ħaxix bl-ingredjenti tal-ilbies jew tal-immarinar għal 15 sa 30 min.

Grill għal 4 minuti fuq sħana medja jew sakemm il-ħaxix isir offerta.

Brunġiel Ġappuniż Grilled u Broccolini

Ingredjenti

2 Bżar Qanpiena Aħdar, imqatta 'minn nofs

10 Broccolini Florets

2 pcs. Brunġiel Ġappuniż, maqtugħ tul u maqtugħ bin-nofs

Ingredjenti għall-ilbies

6 tbsp. żejt tal-ġulġlien

Melħ tal-baħar, għat-togħma

3 tbsp. ħall abjad distillat

1 tsp. Mayoniż bla bajd

Immarina l-ħaxix bl-ingredjenti tal-ilbies jew tal-immarinar għal 15 sa 30 min.

Grill għal 4 minuti fuq sħana medja jew sakemm il-ħaxix isir offerta.

Pastard Grilled u Brussel Sprouts

Ingredjenti

10 Fjuri tal-pastard

10 pcs. Brussel sprouts

Ingredjenti għall-ilbies

6 tbsp. żejt tal-ġulġlien

Melħ tal-baħar, għat-togħma

3 tbsp. ħall abjad distillat

1 tsp. Mayoniż bla bajd

Immarina l-ħaxix bl-ingredjenti tal-ilbies jew tal-immarinar għal 15 sa 30 min.

Grill għal 4 minuti fuq sħana medja jew sakemm il-ħaxix isir offerta.

Riċetta Grilled Ġappuniż u Pastard bi Glaze Balsamic

Ingredjenti

2 Bżar Qanpiena Aħdar, imqatta 'minn nofs it-tul

10 Floretti tal-Pastard

2 pcs. Brunġiel Ġappuniż, maqtugħ tul u maqtugħ bin-nofs

Ingredjenti għall-ilbies

6 tbsp. żejt taż-żebbuġa extra verġni

Melħ tal-baħar, għat-togħma

3 tbsp. Ħall balsamiku

1 tsp. mustarda ta' Dijon

Immarina l-ħaxix bl-ingredjenti tal-ilbies jew tal-immarinar għal 15 sa 30 min.

Grill għal 4 minuti fuq sħana medja jew sakemm il-ħaxix isir offerta.

Riċetta sempliċi tal-Ħxejjex Grilled

Ingredjenti

2 Brunġiel kbar, maqtugħin fit-tul u maqtugħin bin-nofs

Zucchini 1 kbir, maqtugħ tul u maqtugħ min-nofs

5 Fjuri tal-brokkoli

Ingredjenti tal-immarinar:

6 tbsp. żejt taż-żebbuġa extra verġni

Melħ tal-baħar, għat-togħma

3 tbsp. ħall abjad distillat

1 tsp. mustarda ta' Dijon

Immarina l-ħaxix bl-ingredjenti tal-ilbies jew tal-immarinar għal 15 sa 30 min.

Grill għal 4 minuti fuq sħana medja jew sakemm il-ħaxix isir offerta.

Brunġiel Grilled u Bżar Qanpiena Aħdar

Ingredjenti

2 Bżar Qanpiena Aħdar, imqatta 'minn nofs

10 Broccolini Florets

2 pcs. Il-brunġiel, maqtugħ għat-tul u maqtugħ min-nofs

Ingredjenti għall-ilbies

6 tbsp. żejt taż-żebbuġa

Melħ tal-baħar, għat-togħma

3 tbsp. ħall tal-inbid abjad

1 tsp. mustarda Ingliża

Immarina l-ħaxix bl-ingredjenti tal-ilbies jew tal-immarinar għal 15 sa 30 min.

Grill għal 4 minuti fuq sħana medja jew sakemm il-ħaxix isir offerta.

Asparagu Portobello Grilled u Fażola Hadra bil-Vinaigrette tat-Tuffieħ

Ingredjenti

3 pcs. Portobello, imlaħlaħ u imsaffi

2 pcs. Il-brunġiel, maqtugħ għat-tul u maqtugħ min-nofs

2 pcs. Zucchini, maqtugħa tul u maqtugħa bin-nofs

6 pcs. Asparagu

1 Ananas medju, imqatta 'flieli ta' 1/2 pulzier

10 Fażola ħadra

Ingredjenti għall-ilbies

6 tbsp. żejt taż-żebbuġa extra verġni

Melħ tal-baħar, għat-togħma

3 tbsp. ħall tat-tuffieħ

1 tbsp. għasel

1 tsp. Mayoniż bla bajd

Immarina l-ħaxix bl-ingredjenti tal-ilbies jew tal-immarinar għal 15 sa 30 min.

Grill għal 4 minuti fuq sħana medja jew sakemm il-ħaxix isir offerta.

Fażola Grilled u Faqqiegħ Portobello

Ingredjenti

Corns, maqtugħa fit-tul

5 pcs. Faqqiegħ Portobello, imlaħlaħ u mneħħi

10 Fażola ħadra

Ingredjenti għall-ilbies

6 tbsp. żejt taż-żebbuġa

Melħ tal-baħar, għat-togħma

3 tbsp. ħall tal-inbid abjad

1 tsp. Mayoniż bla bajd

Immarina l-ħaxix bl-ingredjenti tal-ilbies jew tal-immarinar għal 15 sa 30 min.

Grill għal 4 minuti fuq sħana medja jew sakemm il-ħaxix isir offerta.

Brussel sprouts u Green Beans

Ingredjenti

10 Fjuri tal-pastard

10 pcs. Brussel sprouts

10 Fażola ħadra

Ingredjenti għall-ilbies

6 tbsp. żejt taż-żebbuġa

Melħ tal-baħar, għat-togħma

3 tbsp. ħall tal-inbid abjad

1 tsp. Mayoniż bla bajd

Immarina l-ħaxix bl-ingredjenti tal-ilbies jew tal-immarinar għal 15 sa 30 min.

Grill għal 4 minuti fuq sħana medja jew sakemm il-ħaxix isir offerta.

Zucchini u Basla fir-Ranch Dressing

Ingredjenti

2 zucchini kbar, maqtugħin fit-tul f'ċangaturi ta' ½ pulzier

2 basal aħmar kbir, maqtugħ f'ċrieki ta' ½ pulzier iżda ma jisseparax f'ċrieki individwali

2 tbsp. żejt taż-żebbuġa extra verġni

2 tbsp. Ranch dressing taħlita

Immarina l-ħaxix bl-ingredjenti tal-ilbies jew tal-immarinar għal 15 sa 30 min.

Grill għal 4 minuti fuq sħana medja jew sakemm il-ħaxix isir offerta.

Fażola ħadra Grilled u Ananas f'Vinaigrette Balsamika

Ingredjenti

1 Ananas medju, imqatta 'flieli ta' 1/2 pulzier

10 Fażola ħadra

Ingredjenti għall-ilbies

6 tbsp. żejt taż-żebbuġa extra verġni

Melħ tal-baħar, għat-togħma

3 tbsp. Ħall balsamiku

1 tsp. mustarda ta' Dijon

Immarina l-ħaxix bl-ingredjenti tal-ilbies jew tal-immarinar għal 15 sa 30 min.

Grill għal 4 minuti fuq sħana medja jew sakemm il-ħaxix isir offerta.

Broccolini Grilled u Brunġiel

Ingredjenti

1 Brunġiel kbir, maqtugħa fit-tul u maqtugħa bin-nofs

Zucchinis 1 kbir, maqtugħ tul u maqtugħ min-nofs

10 Fażola ħadra

10 Broccolini Florets

Ingredjenti tal-immarinar:

6 tbsp. żejt taż-żebbuġa extra verġni

Melħ tal-baħar, għat-togħma

3 tbsp. ħall abjad distillat

1 tsp. mustarda ta' Dijon

Immarina l-ħaxix bl-ingredjenti tal-ilbies jew tal-immarinar għal 15 sa 30 min.

Grill għal 4 minuti fuq sħana medja jew sakemm il-ħaxix isir offerta.

Broccolini Grilled u Bżar Qanpiena Aħdar

Ingredjenti

2 Bżar Qanpiena Aħdar, imqatta' minn nofs

8 Broccolini Florets

Ingredjenti għall-ilbies

6 tbsp. żejt tal-ġulġlien

Melħ tal-baħar, għat-togħma

3 tbsp. ħall abjad distillat

1 tsp. Mayoniż bla bajd

Immarina l-ħaxix bl-ingredjenti tal-ilbies jew tal-immarinar għal 15 sa 30 min.

Grill għal 4 minuti fuq sħana medja jew sakemm il-ħaxix isir offerta.

Zucchini u Karrotti Grilled

Ingredjenti

2 zucchini kbar, maqtugħin fit-tul f'ċangaturi ta' ½ pulzier

Basla ħamra kbira, maqtugħa f'ċrieki ta' ½ pulzier iżda ma tisseparax fi ċrieki individwali

1 karrotta kbira, imqaxxra u maqtugħa fit-tul

Ingredjenti għall-ilbies

6 tbsp. żejt taż-żebbuġa

Melħ tal-baħar, għat-togħma

3 tbsp. ħall tal-inbid abjad

1 tsp. mustarda Ingliża

Immarina l-ħaxix bl-ingredjenti tal-ilbies jew tal-immarinar għal 15 sa 30 min.

Grill għal 4 minuti fuq sħana medja jew sakemm il-ħaxix isir offerta.

Faqqiegħ Portobello Grilled fil-Vinaigrette tat-Tuffieħ

Ingredjenti

Corns, maqtugħa fit-tul

5 pcs. Faqqiegħ Portobello, imlaħlaħ u mneħħi

Ingredjenti għall-ilbies

6 tbsp. żejt taż-żebbuġa extra verġni

Melħ tal-baħar, għat-togħma

3 tbsp. ħall tat-tuffieħ

1 tbsp. għasel

1 tsp. Mayoniż bla bajd

Immarina l-ħaxix bl-ingredjenti tal-ilbies jew tal-immarinar għal 15 sa 30 min.

Grill għal 4 minuti fuq sħana medja jew sakemm il-ħaxix isir offerta.

Karrotti Grilled bi Brussel Sprouts

Ingredjenti

10 Fjuri tal-pastard

10 pcs. Brussel sprouts

1 karrotta kbira, imqaxxra u maqtugħa fit-tul

Ingredjenti għall-ilbies

6 tbsp. żejt taż-żebbuġa

Melħ tal-baħar, għat-togħma

3 tbsp. ħall tal-inbid abjad

1 tsp. Mayoniż bla bajd

Immarina l-ħaxix bl-ingredjenti tal-ilbies jew tal-immarinar għal 15 sa 30 min.

Grill għal 4 minuti fuq sħana medja jew sakemm il-ħaxix isir offerta.

Riċetta tal-Parsnip u Zucchini Grilled

Ingredjenti

1 pasnipp kbir, imqaxxar u maqtugħ tul

1 zucchini kbir, maqtugħ għat-tul f'ċangaturi ta' ½ pulzier

2 basal aħmar kbir, maqtugħ f'ċrieki ta' ½ pulzier iżda ma jisseparax f'ċrieki individwali

Ingredjenti tal-immarinar:

6 tbsp. żejt taż-żebbuġa extra verġni

Melħ tal-baħar, għat-togħma

3 tbsp. ħall abjad distillat

1 tsp. mustarda ta' Dijon

Immarina l-ħaxix bl-ingredjenti tal-ilbies jew tal-immarinar għal 15 sa 30 min.

Grill għal 4 minuti fuq sħana medja jew sakemm il-ħaxix isir offerta.

Nevew Grilled fil-Vinaigrette Orjentali

Ingredjenti

1 nevew kbir, imqaxxar u maqtugħ tul

2 Bżar Qanpiena Aħdar, imqatta 'minn nofs

10 Broccolini Florets

Ingredjenti għall-ilbies

6 tbsp. żejt tal-ġulġlien

Melħ tal-baħar, għat-togħma

3 tbsp. ħall abjad distillat

1 tsp. Mayoniż bla bajd

Immarina l-ħaxix bl-ingredjenti tal-ilbies jew tal-immarinar għal 15 sa 30 min.

Grill għal 4 minuti fuq sħana medja jew sakemm il-ħaxix isir offerta.

Zunnarija Grilled, Nevew u Portobello bil-Glaze Balsamic

Ingredjenti

1 karrotti kbar, imqaxxra u maqtugħa tul

1 nevew kbir, imqaxxar u maqtugħ tul

1 Qamħirrum, maqtugħ tul

2 pcs. Faqqiegħ Portobello, imlaħlaħ u mneħħi

Ingredjenti għall-ilbies

6 tbsp. żejt taż-żebbuġa extra verġni

Melħ tal-baħar, għat-togħma

3 tbsp. Ħall balsamiku

1 tsp. mustarda ta' Dijon

Immarina l-ħaxix bl-ingredjenti tal-ilbies jew tal-immarinar għal 15 sa 30 min.

Grill għal 4 minuti fuq sħana medja jew sakemm il-ħaxix isir offerta.

Zucchinis Grilled u Mango

Ingredjenti

2 Zucchinis kbar, maqtugħin fit-tul u maqtugħin bin-nofs

2 mangi kbar, maqtugħin fit-tul u bil-għadma

Ingredjenti għall-ilbies

6 tbsp. żejt tal-ġulġlien

Melħ tal-baħar, għat-togħma

3 tbsp. ħall abjad distillat

1 tsp. Mayoniż bla bajd

Immarina l-ħaxix bl-ingredjenti tal-ilbies jew tal-immarinar għal 15 sa 30 min.

Grill għal 4 minuti fuq sħana medja jew sakemm il-ħaxix isir offerta.

Għall-mango, grill biss sakemm tibda tara marki tal-grill kannella.

Qamħirrum tat-trabi grilled u Fażola ħadra

Ingredjenti

½ tazza baby corn

1 Ananas medju, imqatta 'flieli ta' 1/2 pulzier

10 Fażola ħadra

2 basal aħmar kbir, maqtugħ f'ċrieki ta' ½ pulzier iżda ma jisseparax f'ċrieki individwali

Ingredjenti għall-ilbies

6 tbsp. żejt taż-żebbuġa

Melħ tal-baħar, għat-togħma

3 tbsp. ħall tal-inbid abjad

1 tsp. mustarda Ingliża

Immarina l-ħaxix bl-ingredjenti tal-ilbies jew tal-immarinar għal 15 sa 30 min.

Grill għal 4 minuti fuq sħana medja jew sakemm il-ħaxix isir offerta.

Qlub tal-Qaqoċċ Grilled u Brussel Sprouts

Ingredjenti

½ tazza qlub tal-qaqoċċ fil-laned

5 Fjuri tal-brokkoli

10 pcs. Brussel sprouts

Ingredjenti għall-ilbies

6 tbsp. żejt taż-żebbuġa

Melħ tal-baħar, għat-togħma

3 tbsp. ħall tal-inbid abjad

1 tsp. Mayoniż bla bajd

Immarina l-ħaxix bl-ingredjenti tal-ilbies jew tal-immarinar għal 15 sa 30 min.

Grill għal 4 minuti fuq sħana medja jew sakemm il-ħaxix isir offerta.

Gradilji Bżar tal-Bżar Broccolini u Brussel sprouts bil-glaze tas-sidru tat-tuffieħ

Ingredjenti

10 Broccolini Florets

½ tazza qlub tal-qaqoċċ fil-laned

10 Brussel sprouts

Ingredjenti għall-ilbies

6 tbsp. żejt taż-żebbuġa extra verġni

Melħ tal-baħar, għat-togħma

3 tbsp. ħall tat-tuffieħ

1 tbsp. għasel

1 tsp. Mayoniż bla bajd

Immarina l-ħaxix bl-ingredjenti tal-ilbies jew tal-immarinar għal 15 sa 30 min.

Grill għal 4 minuti fuq sħana medja jew sakemm il-ħaxix isir offerta.

Riċetta tal-Bżar Qanpiena Assorti Grilled Bi Broccolini

Ingredjenti

1 Bżar Qanpiena Aħdar, maqtugħ bin-nofs

1 Bżar Qanpiena Isfar, imqatta 'minn nofs

1 Bżar Qanpiena Aħmar, maqtugħ bin-nofs

10 Broccolini Florets

Ingredjenti tal-immarinar:

6 tbsp. żejt taż-żebbuġa extra verġni

Melħ tal-baħar, għat-togħma

3 tbsp. ħall abjad distillat

1 tsp. mustarda ta' Dijon

Immarina l-ħaxix bl-ingredjenti tal-ilbies jew tal-immarinar għal 15 sa 30 min.

Grill għal 4 minuti fuq sħana medja jew sakemm il-ħaxix isir offerta.

Brunġiel Grilled, Zucchini bil-Bżar Qanpiena Assorti

Ingredjenti

1 Brunġiela żgħira, maqtugħa fit-tul u maqtugħa bin-nofs

Zucchini 1 żgħir, maqtugħ għat-tul u maqtugħ min-nofs

1 Bżar Qanpiena Aħdar, maqtugħ bin-nofs

1 Bżar Qanpiena Isfar, imqatta 'minn nofs

1 Bżar Qanpiena Aħmar, maqtugħ bin-nofs

Ingredjenti għall-ilbies

6 tbsp. żejt tal-ġulġlien

Melħ tal-baħar, għat-togħma

3 tbsp. ħall abjad distillat

1 tsp. Mayoniż bla bajd

Immarina l-ħaxix bl-ingredjenti tal-ilbies jew tal-immarinar għal 15 sa 30 min.

Grill għal 4 minuti fuq sħana medja jew sakemm il-ħaxix isir offerta.

Portobello Grilled u Basla Ħamra

Ingredjenti

1 Qamħirrum, maqtugħ tul

5 pcs. Faqqiegħ Portobello, imlaħlaħ u mneħħi

1 basla ħamra medja, maqtugħa f'ċrieki ta' ½ pulzier iżda ma tisseparax f'ċrieki individwali

Ingredjenti għall-ilbies

6 tbsp. żejt taż-żebbuġa extra verġni

Melħ tal-baħar, għat-togħma

3 tbsp. Ħall balsamiku

1 tsp. mustarda ta' Dijon

Immarina l-ħaxix bl-ingredjenti tal-ilbies jew tal-immarinar għal 15 sa 30 min.

Grill għal 4 minuti fuq sħana medja jew sakemm il-ħaxix isir offerta.

Qamħirrum Grilled u Basal Aħmar

Ingredjenti

2 zucchini kbar, maqtugħin fit-tul f'ċangaturi ta' ½ pulzier

2 basal aħmar kbir, maqtugħ f'ċrieki ta' ½ pulzier iżda ma jisseparax f'ċrieki individwali

1 Corn, maqtugħa mit-tul

Ingredjenti għall-ilbies

6 tbsp. żejt tal-ġulġlien

Melħ tal-baħar, għat-togħma

3 tbsp. ħall abjad distillat

1 tsp. Mayoniż bla bajd

Immarina l-ħaxix bl-ingredjenti tal-ilbies jew tal-immarinar għal 15 sa 30 min.

Grill għal 4 minuti fuq sħana medja jew sakemm il-ħaxix isir offerta.

Brussell Sprouts Grilled Pastard u Asparagu

Ingredjenti

10 Fjuri tal-pastard

5 pcs. Brussel sprouts

6 pcs. Asparagu

Ingredjenti għall-ilbies

6 tbsp. żejt taż-żebbuġa

Melħ tal-baħar, għat-togħma

3 tbsp. ħall tal-inbid abjad

1 tsp. mustarda Ingliża

Immarina l-ħaxix bl-ingredjenti tal-ilbies jew tal-immarinar għal 15 sa 30 min.

Grill għal 4 minuti fuq sħana medja jew sakemm il-ħaxix isir offerta.

Zucchini Grilled Brunġiel Portobello u Asparagu

Ingredjenti

3 pcs. Portobello, imlaħlaħ u imsaffi

2 pcs. Il-brunġiel, maqtugħ għat-tul u maqtugħ min-nofs

2 pcs. Zucchini, maqtugħa tul u maqtugħa bin-nofs

6 pcs. Asparagu

Ingredjenti għall-ilbies

6 tbsp. żejt tal-ġulġlien

Melħ tal-baħar, għat-togħma

3 tbsp. ħall abjad distillat

1 tsp. Mayoniż bla bajd

Immarina l-ħaxix bl-ingredjenti tal-ilbies jew tal-immarinar għal 15 sa 30 min.

Grill għal 4 minuti fuq sħana medja jew sakemm il-ħaxix isir offerta.

Riċetta tal-Bżar Qanpiena Aħdar Grilled, Broccolini u Asparagu

Ingredjenti

2 Bżar Qanpiena Aħdar, imqatta 'minn nofs

5 Broccolini Florets

6 pcs. Asparagu

Ingredjenti għall-ilbies

6 tbsp. żejt taż-żebbuġa extra verġni

Melħ tal-baħar, għat-togħma

3 tbsp. ħall tat-tuffieħ

1 tbsp. għasel

1 tsp. Mayoniż bla bajd

Immarina l-ħaxix bl-ingredjenti tal-ilbies jew tal-immarinar għal 15 sa 30 min.

Grill għal 4 minuti fuq sħana medja jew sakemm il-ħaxix isir offerta.

Faqqiegħ Portobello Grilled u Zucchini

Ingredjenti

2 zucchini kbar, maqtugħin fit-tul f'ċangaturi ta' ½ pulzier

2 basal aħmar kbir, maqtugħ f'ċrieki ta' ½ pulzier iżda ma jisseparax f'ċrieki individwali

2 Faqqiegħ Portobello, maqtugħ bin-nofs

Ingredjenti tal-immarinar:

6 tbsp. żejt taż-żebbuġa extra verġni

Melħ tal-baħar, għat-togħma

3 tbsp. ħall abjad distillat

1 tsp. mustarda ta' Dijon

Immarina l-ħaxix bl-ingredjenti tal-ilbies jew tal-immarinar għal 15 sa 30 min.

Grill għal 4 minuti fuq sħana medja jew sakemm il-ħaxix isir offerta.

Grilled Asparagus Ananas u Green Beans

Ingredjenti

10 Broccolini Florets

10 pcs. Asparagu

1 Ananas medju, imqatta 'flieli ta' 1/2 pulzier

10 Fażola ħadra

Ingredjenti għall-ilbies

6 tbsp. żejt tal-ġulġlien

Melħ tal-baħar, għat-togħma

3 tbsp. ħall abjad distillat

1 tsp. Mayoniż bla bajd

Immarina l-ħaxix bl-ingredjenti tal-ilbies jew tal-immarinar għal 15 sa 30 min.

Grill għal 4 minuti fuq sħana medja jew sakemm il-ħaxix isir offerta.

Fażola Hadra Grilled u Brunġiel

Ingredjenti

2 Brunġiel kbar, maqtugħin fit-tul u maqtugħin bin-nofs

2 Zucchinis kbar, maqtugħin fit-tul u maqtugħin bin-nofs

10 Fażola ħadra

Ingredjenti għall-ilbies

6 tbsp. żejt taż-żebbuġa extra verġni

Melħ tal-baħar, għat-togħma

3 tbsp. Ħall balsamiku

1 tsp. mustarda ta' Dijon

Immarina l-ħaxix bl-ingredjenti tal-ilbies jew tal-immarinar għal 15 sa 30 min.

Grill għal 4 minuti fuq sħana medja jew sakemm il-ħaxix isir offerta.

Asparagu Grilled u Broccolini

Ingredjenti

Corns, maqtugħa fit-tul

5 pcs. Faqqiegħ Portobello, imlaħlaħ u mneħħi

8 pcs. Asparagu

Ingredjenti għall-ilbies

6 tbsp. żejt tal-ġulġlien

Melħ tal-baħar, għat-togħma

3 tbsp. ħall abjad distillat

1 tsp. Mayoniż bla bajd

Immarina l-ħaxix bl-ingredjenti tal-ilbies jew tal-immarinar għal 15 sa 30 min.

Grill għal 4 minuti fuq sħana medja jew sakemm il-ħaxix isir offerta.

Pastard Grilled u Brussel Sprouts

Ingredjenti

10 Fjuri tal-pastard

10 pcs. Brussel sprouts

10 Broccolini Florets

10 pcs. Asparagu

Ingredjenti għall-ilbies

6 tbsp. żejt taż-żebbuġa

Melħ tal-baħar, għat-togħma

3 tbsp. ħall tal-inbid abjad

1 tsp. mustarda Ingliża

Immarina l-ħaxix bl-ingredjenti tal-ilbies jew tal-immarinar għal 15 sa 30 min.

Grill għal 4 minuti fuq sħana medja jew sakemm il-ħaxix isir offerta.

Brokkoli Grilled u Brokkoli Floretti

Ingredjenti

2 Bżar Qanpiena Aħdar, imqatta 'minn nofs

5 Broccolini Florets

5 Fjuri tal-brokkoli

Ingredjenti għall-ilbies

6 tbsp. żejt tal-ġulġlien

Melħ tal-baħar, għat-togħma

3 tbsp. ħall abjad distillat

1 tsp. Mayoniż bla bajd

Immarina l-ħaxix bl-ingredjenti tal-ilbies jew tal-immarinar għal 15 sa 30 min.

Grill għal 4 minuti fuq sħana medja jew sakemm il-ħaxix isir offerta.

Zucchini Grilled Basal Aħmar Broccolini Florets u Asparagu

Ingredjenti

2 zucchini kbar, maqtugħin fit-tul f'ċangaturi ta' ½ pulzier

2 basal aħmar kbir, maqtugħ f'ċrieki ta' ½ pulzier iżda ma jisseparax f'ċrieki individwali

10 Broccolini Florets

10 pcs. Asparagu

Ingredjenti għall-ilbies

6 tbsp. żejt taż-żebbuġa extra verġni

Melħ tal-baħar, għat-togħma

3 tbsp. ħall tat-tuffieħ

1 tbsp. għasel

1 tsp. Mayoniż bla bajd

Immarina l-ħaxix bl-ingredjenti tal-ilbies jew tal-immarinar għal 15 sa 30 min.

Grill għal 4 minuti fuq sħana medja jew sakemm il-ħaxix isir offerta.

Fażola Hadra Grilled Asparagu Broccolini Florets u Ananas

Ingredjenti

10 Broccolini Florets

10 pcs. Asparagu

1 Ananas medju, imqatta 'flieli ta' 1/2 pulzier

10 Fażola ħadra

Ingredjenti tal-immarinar:

6 tbsp. żejt taż-żebbuġa extra verġni

Melħ tal-baħar, għat-togħma

3 tbsp. ħall abjad distillat

1 tsp. mustarda ta' Dijon

Immarina l-ħaxix bl-ingredjenti tal-ilbies jew tal-immarinar għal 15 sa 30 min.

Grill għal 4 minuti fuq sħana medja jew sakemm il-ħaxix isir offerta.

Fażola Edamame Grilled

Ingredjenti

10 Fażola Edamame

10 Fjuri tal-pastard

10 pcs. Brussel sprouts

Ingredjenti għall-ilbies

6 tbsp. żejt taż-żebbuġa

Melħ tal-baħar, għat-togħma

3 tbsp. ħall tal-inbid abjad

1 tsp. Mayoniż bla bajd

Immarina l-ħaxix bl-ingredjenti tal-ilbies jew tal-immarinar għal 15 sa 30 min.

Grill għal 4 minuti fuq sħana medja jew sakemm il-ħaxix isir offerta.

Okra Grilled, Zucchini u Basal Aħmar

Ingredjenti

5 pcs. Okra

2 zucchini kbar, maqtugħin fit-tul f'ċangaturi ta' ½ pulzier

2 basal aħmar kbir, maqtugħ f'ċrieki ta' ½ pulzier iżda ma jisseparax f'ċrieki individwali

Ingredjenti għall-ilbies

6 tbsp. żejt taż-żebbuġa extra verġni

Melħ tal-baħar, għat-togħma

3 tbsp. Ħall balsamiku

1 tsp. mustarda ta' Dijon

Immarina l-ħaxix bl-ingredjenti tal-ilbies jew tal-immarinar għal 15 sa 30 min.

Grill għal 4 minuti fuq sħana medja jew sakemm il-ħaxix isir offerta.

Parsnip u Zucchini Grilled

Ingredjenti

1 Parsnip kbir, maqtugħ tul

2 zucchini kbar, maqtugħin fit-tul f'ċangaturi ta' ½ pulzier

2 basal aħmar kbir, maqtugħ f'ċrieki ta' ½ pulzier iżda ma jisseparax f'ċrieki individwali

2 tbsp. żejt taż-żebbuġa extra verġni

2 tbsp. Ranch dressing taħlita

Immarina l-ħaxix bl-ingredjenti tal-ilbies jew tal-immarinar għal 15 sa 30 min.

Grill għal 4 minuti fuq sħana medja jew sakemm il-ħaxix isir offerta.

Parsnip Grilled u Okra

Ingredjenti

1 Parsnip kbir, maqtugħ tul

5 pcs. Okra

2 Brunġiel kbar, maqtugħin fit-tul u maqtugħin bin-nofs

2 Zucchinis kbar, maqtugħin fit-tul u maqtugħin bin-nofs

Ingredjenti għall-ilbies

6 tbsp. żejt taż-żebbuġa

Melħ tal-baħar, għat-togħma

3 tbsp. ħall tal-inbid abjad

1 tsp. mustarda Ingliża

Immarina l-ħaxix bl-ingredjenti tal-ilbies jew tal-immarinar għal 15 sa 30 min.

Grill għal 4 minuti fuq sħana medja jew sakemm il-ħaxix isir offerta.

Grilled Brokkoli Parsnip Okra u Asparagu

Ingredjenti

5 Broccolini Florets

1 Parsnip kbir, maqtugħ tul

5 pcs. Okra

3 pcs. Asparagu

Corns, maqtugħa fit-tul

2 pcs. Faqqiegħ Portobello, imlaħlaħ u mneħħi

Ingredjenti tal-immarinar:

6 tbsp. żejt taż-żebbuġa extra verġni

Melħ tal-baħar, għat-togħma

3 tbsp. ħall abjad distillat

1 tsp. mustarda ta' Dijon

Immarina l-ħaxix bl-ingredjenti tal-ilbies jew tal-immarinar għal 15 sa 30 min.

Grill għal 4 minuti fuq sħana medja jew sakemm il-ħaxix isir offerta.

Nevew Grilled u Bżar Qanpiena

Ingredjenti

1 Nevew kbir, maqtugħ tul

2 Bżar Qanpiena Aħdar, imqatta 'minn nofs

10 Broccolini Florets

Ingredjenti għall-ilbies

6 tbsp. żejt taż-żebbuġa extra verġni

Melħ tal-baħar, għat-togħma

3 tbsp. ħall tat-tuffieħ

1 tbsp. għasel

1 tsp. Mayoniż bla bajd

Immarina l-ħaxix bl-ingredjenti tal-ilbies jew tal-immarinar għal 15 sa 30 min.

Grill għal 4 minuti fuq sħana medja jew sakemm il-ħaxix isir offerta.

Pastard Grilled u Broccolini

Ingredjenti

10 Fjuri tal-pastard

10 pcs. Brussel sprouts

10 Broccolini Florets

10 pcs. Asparagu

Ingredjenti għall-ilbies

6 tbsp. żejt tal-ġulġlien

Melħ tal-baħar, għat-togħma

3 tbsp. ħall abjad distillat

1 tsp. Mayoniż bla bajd

Immarina l-ħaxix bl-ingredjenti tal-ilbies jew tal-immarinar għal 15 sa 30 min.

Grill għal 4 minuti fuq sħana medja jew sakemm il-ħaxix isir offerta.

Nevew u Ananas Grilled

Ingredjenti

1 Nevew kbir, maqtugħ tul

1 Ananas medju, imqatta 'flieli ta' 1/2 pulzier

10 Fażola ħadra

Ingredjenti għall-ilbies

6 tbsp. żejt tal-ġulġlien

Melħ tal-baħar, għat-togħma

3 tbsp. ħall abjad distillat

1 tsp. Mayoniż bla bajd

Immarina l-ħaxix bl-ingredjenti tal-ilbies jew tal-immarinar għal 15 sa 30 min.

Grill għal 4 minuti fuq sħana medja jew sakemm il-ħaxix isir offerta.

Parsnip u Zucchini Grilled

Ingredjenti

1 Parsnip kbir, maqtugħ tul

2 zucchini kbar, maqtugħin fit-tul f'ċangaturi ta' ½ pulzier

2 basal aħmar kbir, maqtugħ f'ċrieki ta' ½ pulzier iżda ma jisseparax f'ċrieki individwali

Ingredjenti għall-ilbies

6 tbsp. żejt taż-żebbuġa

Melħ tal-baħar, għat-togħma

3 tbsp. ħall tal-inbid abjad

1 tsp. Mayoniż bla bajd

Immarina l-ħaxix bl-ingredjenti tal-ilbies jew tal-immarinar għal 15 sa 30 min.

Grill għal 4 minuti fuq sħana medja jew sakemm il-ħaxix isir offerta.

Nevew Grilled Basal Aħmar u Parsnip

Ingredjenti

1 Nevew kbir, maqtugħ tul

1 Parsnip kbir, maqtugħ tul

1 zucchini kbir, maqtugħ għat-tul f'ċangaturi ta' ½ pulzier

2 basal aħmar żgħir, maqtugħ f'ċrieki ta' ½ pulzier iżda ma jisseparax f'ċrieki individwali

Ingredjenti għall-ilbies

6 tbsp. żejt taż-żebbuġa extra verġni

Melħ tal-baħar, għat-togħma

3 tbsp. Ħall balsamiku

1 tsp. mustarda ta' Dijon

Immarina l-ħaxix bl-ingredjenti tal-ilbies jew tal-immarinar għal 15 sa 30 min.

Grill għal 4 minuti fuq sħana medja jew sakemm il-ħaxix isir offerta.

Zunnarija Grilled, Parsnip u Broccolini

Ingredjenti

1 Zunnarija kbira, maqtugħa fit-tul

1 Parsnip kbir, maqtugħ tul

10 Broccolini Florets

10 pcs. Asparagu

10 Fażola ħadra

Ingredjenti għall-ilbies

6 tbsp. żejt taż-żebbuġa

Melħ tal-baħar, għat-togħma

3 tbsp. ħall tal-inbid abjad

1 tsp. mustarda Ingliża

Immarina l-ħaxix bl-ingredjenti tal-ilbies jew tal-immarinar għal 15 sa 30 min.

Grill għal 4 minuti fuq sħana medja jew sakemm il-ħaxix isir offerta.

Asparagu Grilled u Floretti Broccolini

Ingredjenti

10 Broccolini Florets

10 pcs. Asparagu

Corns, maqtugħa fit-tul

5 pcs. Faqqiegħ Portobello, imlaħlaħ u mneħħi

Ingredjenti tal-immarinar:

6 tbsp. żejt taż-żebbuġa extra verġni

Melħ tal-baħar, għat-togħma

3 tbsp. ħall abjad distillat

1 tsp. mustarda ta' Dijon

Immarina l-ħaxix bl-ingredjenti tal-ilbies jew tal-immarinar għal 15 sa 30 min.

Grill għal 4 minuti fuq sħana medja jew sakemm il-ħaxix isir offerta.

Pastard Grilled u Baby Corn

Ingredjenti

10 Fjuri tal-pastard

½ tazza qamħ tat-trabi fil-laned

10 pcs. Brussel sprouts

Ingredjenti għall-ilbies

6 tbsp. żejt taż-żebbuġa extra verġni

Melħ tal-baħar, għat-togħma

3 tbsp. ħall tat-tuffieħ

1 tbsp. għasel

1 tsp. Mayoniż bla bajd

Immarina l-ħaxix bl-ingredjenti tal-ilbies jew tal-immarinar għal 15 sa 30 min.

Grill għal 4 minuti fuq sħana medja jew sakemm il-ħaxix isir offerta.

Qlub tal-Qaqoċċ Grilled u Floretti Broccolini

Ingredjenti

½ tazza qlub tal-qaqoċċ fil-laned

10 Broccolini Florets

Ingredjenti għall-ilbies

6 tbsp. żejt tal-ġulġlien

Melħ tal-baħar, għat-togħma

3 tbsp. ħall abjad distillat

1 tsp. Mayoniż bla bajd

Immarina l-ħaxix bl-ingredjenti tal-ilbies jew tal-immarinar għal 15 sa 30 min.

Grill għal 4 minuti fuq sħana medja jew sakemm il-ħaxix isir offerta.

Karrotti tat-trabi grilled u brunġiel

Ingredjenti

5 pcs. karrotti tat-trabi

2 Brunġiel kbar, maqtugħin fit-tul u maqtugħin bin-nofs

2 Zucchinis kbar, maqtugħin fit-tul u maqtugħin bin-nofs

Ingredjenti għall-ilbies

6 tbsp. żejt tal-ġulġlien

Melħ tal-baħar, għat-togħma

3 tbsp. ħall abjad distillat

1 tsp. Mayoniż bla bajd

Immarina l-ħaxix bl-ingredjenti tal-ilbies jew tal-immarinar għal 15 sa 30 min.

Grill għal 4 minuti fuq sħana medja jew sakemm il-ħaxix isir offerta.

Karrotti u Zucchini Grilled Baby

Ingredjenti

7 pcs. karrotti tat-trabi

2 zucchini kbar, maqtugħin fit-tul f'ċangaturi ta' ½ pulzier

2 basal aħmar kbir, maqtugħ f'ċrieki ta' ½ pulzier iżda ma jisseparax f'ċrieki individwali

Ingredjenti għall-ilbies

6 tbsp. żejt taż-żebbuġa

Melħ tal-baħar, għat-togħma

3 tbsp. ħall tal-inbid abjad

1 tsp. Mayoniż bla bajd

Immarina l-ħaxix bl-ingredjenti tal-ilbies jew tal-immarinar għal 15 sa 30 min.

Grill għal 4 minuti fuq sħana medja jew sakemm il-ħaxix isir offerta.

Qamħirrum Grilled, Baby Corns u Asparagu

Ingredjenti

10 Baby Corns

10 pcs. Asparagu

Corns, maqtugħa fit-tul

Ingredjenti għall-ilbies

6 tbsp. żejt taż-żebbuġa extra verġni

Melħ tal-baħar, għat-togħma

3 tbsp. Ħall balsamiku

1 tsp. mustarda ta' Dijon

Immarina l-ħaxix bl-ingredjenti tal-ilbies jew tal-immarinar għal 15 sa 30 min.

Grill għal 4 minuti fuq sħana medja jew sakemm il-ħaxix isir offerta.

Karrotti tat-trabi Grilled u Qlub tal-Qaqoċċ

Ingredjenti

1 tazza qlub tal-qaqoċċ fil-laned

2 zucchini kbar, maqtugħin fit-tul f'ċangaturi ta' ½ pulzier

8 pcs. karrotti tat-trabi

Ingredjenti għall-ilbies

6 tbsp. żejt taż-żebbuġa

Melħ tal-baħar, għat-togħma

3 tbsp. ħall tal-inbid abjad

1 tsp. mustarda Ingliża

Immarina l-ħaxix bl-ingredjenti tal-ilbies jew tal-immarinar għal 15 sa 30 min.

Grill għal 4 minuti fuq sħana medja jew sakemm il-ħaxix isir offerta.

Fażola Ħadra tal-Ananas Grilled u Qlub tal-Qaqoċċ

Ingredjenti

1 Ananas medju, imqatta' 'flieli ta' 1/2 pulzier

10 Fażola ħadra

1 tazza qlub tal-qaqoċċ fil-laned

Ingredjenti tal-immarinar:

6 tbsp. żejt taż-żebbuġa extra verġni

Melħ tal-baħar, għat-togħma

3 tbsp. ħall abjad distillat

1 tsp. mustarda ta' Dijon

Immarina l-ħaxix bl-ingredjenti tal-ilbies jew tal-immarinar għal 15 sa 30 min.

Grill għal 4 minuti fuq sħana medja jew sakemm il-ħaxix isir offerta.

Broccolini Grilled u Karrotti tat-trabi

Ingredjenti

10 Broccolini Florets

10 pcs. Karrotti tat-trabi

2 zucchini kbar, maqtugħin fit-tul f'ċangaturi ta' ½ pulzier

2 basal aħmar kbir, maqtugħ f'ċrieki ta' ½ pulzier iżda ma jisseparax f'ċrieki individwali

Ingredjenti għall-ilbies

6 tbsp. żejt taż-żebbuġa

Melħ tal-baħar, għat-togħma

3 tbsp. ħall tal-inbid abjad

1 tsp. Mayoniż bla bajd

Immarina l-ħaxix bl-ingredjenti tal-ilbies jew tal-immarinar għal 15 sa 30 min.

Grill għal 4 minuti fuq sħana medja jew sakemm il-ħaxix isir offerta.

Sempliċi Grilled Baby Corn u Pastard Florets

Ingredjenti

10 pcs. Qamħirrum tat-trabi

10 Fjuri tal-pastard

10 pcs. Brussel sprouts

Ingredjenti għall-ilbies

6 tbsp. żejt taż-żebbuġa extra verġni

Melħ tal-baħar, għat-togħma

3 tbsp. ħall tat-tuffieħ

1 tbsp. għasel

1 tsp. Mayoniż bla bajd

Immarina l-ħaxix bl-ingredjenti tal-ilbies jew tal-immarinar għal 15 sa 30 min.

Grill għal 4 minuti fuq sħana medja jew sakemm il-ħaxix isir offerta.

Karrotti tat-trabi u Bżar Qanpiena Grilled

Ingredjenti

8 pcs. karrotti tat-trabi

2 Bżar Qanpiena Aħdar, imqatta 'minn nofs

10 Broccolini Florets

Ingredjenti għall-ilbies

6 tbsp. żejt tal-ġulġlien

Melħ tal-baħar, għat-togħma

3 tbsp. ħall abjad distillat

1 tsp. Mayoniż bla bajd

Immarina l-ħaxix bl-ingredjenti tal-ilbies jew tal-immarinar għal 15 sa 30 min.

Grill għal 4 minuti fuq sħana medja jew sakemm il-ħaxix isir offerta.

Qamħirrum tat-trabi Grilled, Qlub tal-Qaqoċċ u Brunġiel

Ingredjenti

½ tazza qamħ tat-trabi fil-laned

½ tazza qlub tal-qaqoċċ fil-laned

2 Brunġiel kbar, maqtugħin fit-tul u maqtugħin bin-nofs

Ingredjenti għall-ilbies

6 tbsp. żejt taż-żebbuġa

Melħ tal-baħar, għat-togħma

3 tbsp. ħall tal-inbid abjad

1 tsp. Mayoniż bla bajd

Immarina l-ħaxix bl-ingredjenti tal-ilbies jew tal-immarinar għal 15 sa 30 min.

Grill għal 4 minuti fuq sħana medja jew sakemm il-ħaxix isir offerta.

Karrotti tat-trabi Grilled u Basla Ħamra

Ingredjenti

½ tazza karrotti tat-trabi

2 zucchini kbar, maqtugħin fit-tul f'ċangaturi ta' ½ pulzier

2 basal aħmar kbir, maqtugħ f'ċrieki ta' ½ pulzier iżda ma jisseparax f'ċrieki individwali

Ingredjenti għall-ilbies

6 tbsp. żejt taż-żebbuġa extra verġni

Melħ tal-baħar, għat-togħma

3 tbsp. Ħall balsamiku

1 tsp. mustarda ta' Dijon

Immarina l-ħaxix bl-ingredjenti tal-ilbies jew tal-immarinar għal 15 sa 30 min.

Grill għal 4 minuti fuq sħana medja jew sakemm il-ħaxix isir offerta.

Asparagu Broccolini Grilled u Faqqiegħ Portobello

Ingredjenti

10 Broccolini Florets

10 pcs. Asparagu

Corns, maqtugħa fit-tul

5 pcs. Faqqiegħ Portobello, imlaħlaħ u mneħħi

Ingredjenti għall-ilbies

6 tbsp. żejt tal-ġulġlien

Melħ tal-baħar, għat-togħma

3 tbsp. ħall abjad distillat

1 tsp. Mayoniż bla bajd

Immarina l-ħaxix bl-ingredjenti tal-ilbies jew tal-immarinar għal 15 sa 30 min.

Grill għal 4 minuti fuq sħana medja jew sakemm il-ħaxix isir offerta.

Qlub tal-Qaqoċċ Grilled

Ingredjenti

1 tazza qlub tal-qaqoċċ fil-laned

2 basal aħmar kbir, maqtugħ f'ċrieki ta' ½ pulzier iżda ma jisseparax f'ċrieki individwali

Ingredjenti għall-ilbies

6 tbsp. żejt taż-żebbuġa

Melħ tal-baħar, għat-togħma

3 tbsp. ħall tal-inbid abjad

1 tsp. mustarda Ingliża

Immarina l-ħaxix bl-ingredjenti tal-ilbies jew tal-immarinar għal 15 sa 30 min.

Grill għal 4 minuti fuq sħana medja jew sakemm il-ħaxix isir offerta.

Karrotti u Faqqiegħ Grilled Baby

Ingredjenti

10 pcs. Karrotti tat-trabi

1 tazza faqqiegħ tal-buttuni fil-laned

Ingredjenti għall-ilbies

6 tbsp. żejt taż-żebbuġa

Melħ tal-baħar, għat-togħma

3 tbsp. ħall tal-inbid abjad

1 tsp. Mayoniż bla bajd

Immarina l-ħaxix bl-ingredjenti tal-ilbies jew tal-immarinar għal 15 sa 30 min.

Grill għal 4 minuti fuq sħana medja jew sakemm il-ħaxix isir offerta.

Qlub tal-Qaqoċċ Grilled u Asparagu

Ingredjenti

½ tazza qlub tal-qaqoċċ fil-laned

10 Broccolini Florets

10 pcs. Asparagu

Ingredjenti għall-ilbies

6 tbsp. żejt taż-żebbuġa extra verġni

Melħ tal-baħar, għat-togħma

3 tbsp. ħall tat-tuffieħ

1 tbsp. għasel

1 tsp. Mayoniż bla bajd

Immarina l-ħaxix bl-ingredjenti tal-ilbies jew tal-immarinar għal 15 sa 30 min.

Grill għal 4 minuti fuq sħana medja jew sakemm il-ħaxix isir offerta.

Zucchini Grilled

Ingredjenti

2 zucchini kbar, maqtugħin fit-tul f'ċangaturi ta' ½ pulzier

Ingredjenti għall-ilbies

6 tbsp. żejt taż-żebbuġa

Melħ tal-baħar, għat-togħma

3 tbsp. ħall tal-inbid abjad

1 tsp. Mayoniż bla bajd

Immarina l-ħaxix bl-ingredjenti tal-ilbies jew tal-immarinar għal 15 sa 30 min.

Grill għal 4 minuti fuq sħana medja jew sakemm il-ħaxix isir offerta.

Brunġiel Grilled bil-Glaze Balsamic

Ingredjenti

2 Brunġiel kbar, maqtugħin fit-tul u maqtugħin bin-nofs

Ingredjenti għall-ilbies

6 tbsp. żejt taż-żebbuġa extra verġni

Melħ tal-baħar, għat-togħma

3 tbsp. Ħall balsamiku

1 tsp. mustarda ta' Dijon

Immarina l-ħaxix bl-ingredjenti tal-ilbies jew tal-immarinar għal 15 sa 30 min.

Grill għal 4 minuti fuq sħana medja jew sakemm il-ħaxix isir offerta.

Hass Romaine Grilled u Tadam

Ingredjenti

10 Broccolini Florets

10 pcs. Brussel sprouts

10 pcs. Asparagu

1 mazz weraq tal-Ħass Romaine

2 Karrotti medji, maqtugħin fit-tul u maqtugħin bin-nofs

4 Tadam kbir; imqatta' oħxon

Ingredjenti tal-ilbies:

6 tbsp. żejt taż-żebbuġa extra verġni

1 tsp. trab tal-basal

Melħ tal-baħar, għat-togħma

3 tbsp. ħall abjad distillat

1 tsp. mustarda ta' Dijon

Għaqqad l-ingredjenti kollha tal-ilbies sewwa.

Saħħan minn qabel il-grill tiegħek għal nar baxx u griż il-gradilja.

Saffi l-grill tal-ħaxix għal 12-il minuta kull naħa, sakemm tinqaleb darba.

Pinzell bl-ingredjenti tal-immarinar/dressing

Zucchini u Bżar Grilled

Ingredjenti

1 lb zucchini, imqatta' fit-tul fi stikek iqsar

1 lb bżar qampiena aħdar, imqatta' fi strixxi wesgħin

Basla ħamra kbira, maqtugħa f'rawnds ħoxnin ta' 1/2 pulzier

1/3 tazza tursin Taljan jew ħabaq, imqatta' fin

Ingredjenti għall-ilbies

6 tbsp. żejt taż-żebbuġa

1 tsp. trab tat-tewm

1 tsp. trab tal-basal

Melħ tal-baħar, għat-togħma

3 tbsp. ħall tal-inbid abjad

1 tsp. mustarda Ingliża

Għaqqad l-ingredjenti kollha tal-ilbies sewwa.

Saħħan minn qabel il-grill tiegħek għal nar baxx u griż il-gradilja.

Saffi l-grill tal-ħaxix għal 12-il minuta kull naħa, sakemm tinqaleb darba.

Pinzell bl-ingredjenti tal-immarinar/dressing

Brunġiel Grilled u Basla Ħamra

Ingredjenti

1 lb brunġiel, imqatta' fit-tul fi stikek iqsar

1 lb bżar qampiena aħdar, imqatta' fi strixxi wesgħin

Basla ħamra kbira, maqtugħa f'rawnds ħoxnin ta' 1/2 pulzier

1/3 tazza tursin Taljan jew ħabaq, imqatta' fin

Ingredjenti tal-ilbies:

6 tbsp. żejt taż-żebbuġa extra verġni

1 tsp. trab tal-basal

Melħ tal-baħar, għat-togħma

3 tbsp. ħall abjad distillat

1 tsp. mustarda ta' Dijon

Għaqqad l-ingredjenti kollha tal-ilbies sewwa.

Saħħan minn qabel il-grill tiegħek għal nar baxx u griż il-gradilja.

Saffi l-grill tal-ħaxix għal 12-il minuta kull naħa, sakemm tinqaleb darba.

Pinzell bl-ingredjenti tal-immarinar/dressing

Asparagu Grilled Brussel Sprouts Broccolini Florets

Ingredjenti

10 pcs. Asparagu

1 mazz weraq tal-Ħass Romaine

10 Broccolini Florets

10 pcs. Brussel sprouts

2 Karrotti medji, maqtugħin fit-tul u maqtugħin bin-nofs

4 Tadam kbir, imqatta' oħxon

Ingredjenti għall-ilbies

6 tbsp. żejt taż-żebbuġa

3 daxxini zalza sħuna Tabasco

Melħ tal-baħar, għat-togħma

3 tbsp. ħall tal-inbid abjad

1 tsp. Mayoniż bla bajd

Għaqqad l-ingredjenti kollha tal-ilbies sewwa.

Saħħan minn qabel il-grill tiegħek għal nar baxx u griż il-gradilja.

Saffi l-grill tal-ħaxix għal 12-il minuta kull naħa, sakemm tinqaleb darba.

Pinzell bl-ingredjenti tal-immarinar/dressing

Zucchini Grilled fil-glaze tas-sidru tat-tuffieħ

Ingredjenti

1 lb zucchini, imqatta' fit-tul fi stikek iqsar

1 lb bżar qampiena aħdar, imqatta' fi strixxi wesgħin

Basla ħamra kbira, maqtugħa f'rawnds ħoxnin ta' 1/2 pulzier

1/3 tazza tursin Taljan jew ħabaq, imqatta' fin

Ingredjenti għall-ilbies

6 tbsp. żejt taż-żebbuġa extra verġni

Melħ tal-baħar, għat-togħma

3 tbsp. ħall tat-tuffieħ

1 tbsp. għasel

1 tsp. Mayoniż bla bajd

Għaqqad l-ingredjenti kollha tal-ilbies sewwa.

Saħħan minn qabel il-grill tiegħek għal nar baxx u griż il-gradilja.

Saffi l-grill tal-ħaxix għal 12-il minuta kull naħa, sakemm tinqaleb darba.

Pinzell bl-ingredjenti tal-immarinar/dressing

Qlub tal-Qaqoċċ Zucchini Grilled u Basla Ħamra

Ingredjenti

1/2 lb zucchini, imqatta' fit-tul fi stikek iqsar

½ tazza qlub tal-qaqoċċ fil-laned

1 lb bżar qampiena aħdar, imqatta' fi strixxi wesgħin

Basla ħamra kbira, maqtugħa f'rawnds ħoxnin ta' 1/2 pulzier

1/3 tazza tursin Taljan jew ħabaq, imqatta' fin

Ingredjenti għall-ilbies

6 tbsp. żejt taż-żebbuġa extra verġni

Melħ tal-baħar, għat-togħma

3 tbsp. Ħall balsamiku

1 tsp. mustarda ta' Dijon

Għaqqad l-ingredjenti kollha tal-ilbies sewwa.

Saħħan minn qabel il-grill tiegħek għal nar baxx u griż il-gradilja.

Saffi l-grill tal-ħaxix għal 12-il minuta kull naħa, sakemm tinqaleb darba.

Pinzell bl-ingredjenti tal-immarinar/dressing

Zucchini Grilled u Broccolini Floretti

Ingredjenti

1 lb zucchini, imqatta' fit-tul fi stikek iqsar

1 lb bżar qampiena aħdar, imqatta' fi strixxi wesgħin

10 Broccolini Florets

10 pcs. Brussel sprouts

Basla ħamra kbira, maqtugħa f'rawnds ħoxnin ta' 1/2 pulzier

1/3 tazza tursin Taljan jew ħabaq, imqatta' fin

Ingredjenti għall-ilbies

6 tbsp. żejt taż-żebbuġa

1 tsp. trab tat-tewm

1 tsp. trab tal-basal

Melħ tal-baħar, għat-togħma

3 tbsp. ħall tal-inbid abjad

1 tsp. mustarda Ingliża

Għaqqad l-ingredjenti kollha tal-ilbies sewwa.

Saħħan minn qabel il-grill tiegħek għal nar baxx u griż il-gradilja.

Saffi l-grill tal-ħaxix għal 12-il minuta kull naħa, sakemm tinqaleb darba.

Pinzell bl-ingredjenti tal-immarinar/dressing

www.ingramcontent.com/pod-product-compliance
Lightning Source LLC
Chambersburg PA
CBHW071238080526
44587CB00013BA/1675